AF555530

INSTRUCTION POUR LES COMMISSAIRES CHARGÉS DU TRAVAIL DE LA TAILLE TARIFÉE DANS LE DÉPARTEMENT DE CHAMPAGNE.

A CHAALONS,

Chez SENEUZE, Libraire & Imprimeur du Roy, vis à vis Saint Germain, au Lion.

M. DCC. XXXVIII.

AVEC PRIVILEGE DE SA MAJESTÉ

INSTRUCTION

POUR les Commiſſaires chargés du travail de la Taille tarifée dans le Département de Champagne.

Règles à obſerver avant la confection du Rolle.

ARTICLE PREMIER. *Néceſſité du choix d'un Habitant intelligent pour inſtruire les autres.*

L'EXACTITUDE dans les déclarations des Contribuables devant faire la baze & le principal fondement de l'opération de la Taille tarifée, le Commiſſaire ne peut trop s'attacher à inſtruire un Sindic, Collecteur ou autre perſonne intelligente dans la Communauté, de la façon dont les Habitans doivent remplir le Modele que Nous avons fait imprimer pour leur facilité. Il doit à cet éfet auſſi-tôt la réception de nos ordres, mander celuy dont il aura fait choix, & l'engager à dreſſer de concert avec luy, & en ſa préſence, ſa propre déclaration pour ſervir d'inſtruction aux autres Habitans ; en obſervant autant qu'il ſera poſſible, de dénommer chaque piece ou continent de Terre par tenans & aboutiſſans, avec la diſtinction de la qualité & quantité d'Arpens, Verges, Boiſſeaux, Journels, ou autres meſures qu'elle contient ; ſpécifiant en qu'elle nature elle eſt, ſoit Terre labourable, Prez, Bois, Vignes, Ozerayes, & généralement pareille diſtinction pour chaque eſpece de Biens, ſoit en propre ou à loyer, ſituez dans la Communauté ou ailleurs. Cette déclaration doit pareillement contenir le détail des Uſines, Maiſons, Commerce, Beſtiaux de toute eſpece, ſa Vacation, les Rentes actives ou paſſives qu'il peut avoir, & les Hypotèques dont ſes biens ſont chargés, en un mot l'énonciation éxacte de tout ce qui peut conduire à une juſte répartition.

II. *Avantage de l'établiſſement de la Taille tarifée.*

Le Commiſſaire doit enſuite s'étudier à convaincre ce principal & plus intelligent Habitant, que toute la Communauté & chaque Contribuable en particulier, a un interêt ſenſible de fournir les déclarations qu'on luy demande dans la plus éxacte verité; puiſqu'en faiſant connoître leur veritable ſituation, la Communauté peut ſe procurer d'un côté un ſoulagement réel, & que de l'autre ils auront la ſatisfaction de pouvoir compter à l'avenir ſur un Tarif invariable pour l'Impoſition de leurs Terres, tant en propre que d'exploitation, celle de leurs Biens, Uſines, Beſtiaux, & Cottes particulières, ce qui les mettra pour toûjours à l'abry de l'injuſtice des Collecteurs, & de cette jalouſie ordinaire qui décourage les Habitans aiſez & intelligens; en éfet il n'arrive que trop ſouvent que le Contribuable néglige, & même apprehende de tirer de ſes talens, de ſes Terres & de ſon Commerce, toutes les reſources & avantages qu'il ſeroit en état de ſe procurer par ſon travail & ſon intelligence, dans la crainte de ſe voir ſurcharger ſous prétexte d'une aiſance plus apparente que celle des autres Habitans.

III. *Publication des ordres, & collection des déclarations.*

Le Commiſſaire chargera ce Collecteur, Sindic, ou autre perſonne qu'il aura choiſi, de faire publier nos ordres, & de recevoir éxactement les déclarations des Habitans qu'il leur fera ſigner & certifier, même d'inſtruire les autres de ce qu'ils doivent faire, en leur communiquant pour modele ſa propre déclaration, qu'il aura (comme il eſt dit cy-deſſus) rédigée avec le Commiſſaire. Celui-ci doit engager ce particulier, à meſure qu'il recevra les déclarations des autres Habitans, de faire ſur chacune ſes obſervations particulières des omiſſions ou erreurs qu'il y remarquera; ces nottes ſecrettes peuvent infiniment contribuer à l'éxactitude qu'on doit ſe propoſer.

IV. *Attention pour contribuer à l'éxactitude des déclarations.*

Le Commiſſaire donnera ordre à ce Particulier de lui faire repaſſer ces déclarations à meſure qu'il en aura reçu une partie, & faiſant prudemment uſage des obſervations qui lui auront été fournies, il choiſira quelqu'unes des déclarations qu'il remarquera les plus fauſſes & les plus mal libellées, qu'il renvoyera au Taillable, avec une inſtruction particulière pour les réformer, le menaçant de Nous en porter ſes plaintes. Cette attention ſervira à mettre les autres en règle, & ne pourra faire qu'un bon éfet dans la Communauté en prouvant ſon éxactitude & ſa ſéverité.

V.
Premieres informations du Commissaire pour s'instruire de la force & des resources d'une Paroisse.

Le Commissaire aura soin de s'informer exactement de ce Sindic, Collecteur, ou autres, des premiers détails qui lui paroitront nécessaires pour connoître la force, & les resources de la Communauté, & la differente qualité des Terres, & généralement tachera de prendre par lui-même, par ses amis, ou gens du païs, quelques fois même par les Curez, ou Seigneurs particuliers, toutes les connoissances qui pourront lui être utiles pour son travail.

VI.
Premier transport du Commissaire dans la Communauté.

Lorsque le Commissaire aura un assez grand nombre de ces déclarations, & qu'il pourra présumer qu'elles approcheront de la verité, il fera un dépouillement sommaire par nom & surnom de la déclaration de chaque Taillable, & pour lors il fera indiquer un jour auquel il se transportera une premiere fois dans la Communauté, (s'il le peut, & qu'il soit à portée de le faire,) si non il commettra une personne intelligente pour y aller à sa place. Il choisira un jour de Fête, ou de Dimanche, & fera convoquer les Habitans au son de la cloche, pour leur communiquer le résultat de la déclaration de chaque Taillable, avec les nottes particulières qu'il aura pu faire sur quelques unes. S'il n'y a point de contradiction, pour lors ce concert unanime annoncera un caractere de verité, & par conséquent promettra au Commissaire un travail facile, au moins le défaut de contradiction établira-t'il une fin de non recevoir contre les plaignans : mais en cas de contestation, il entendra les contredits ou reproches des autres Habitans, il tachera d'en verifier sur le champ quelqu'uns des principaux Articles, & de les rectifier tous s'il est possible. En éfet Nous sommes persuadés qu'un Commissaire prudent & zelé est en état de terminer en sa présence bien des difficultez, surtout aidé de l'interêt pressant des Taillables de ne point courir les risques de l'évenement : mais s'il prévoit une trop longue discution, il fera choix de dix ou douze des principaux & plus honnêtes gens, & de ceux qui lui auront paru les plus intelligens, en observant de mettre de ce nombre, s'il se peut, quelques Manouvriers, même des moins hauts à la Taille, comme les plus interessez à découvrir les facultez des riches qui pourroient se favoriser entr'eux. Il chargera ces dix ou douze Habitans de s'assembler jour sur autre, pour examiner toutes les déclarations, & y faire leurs observations, avec ordre de lui renvoyer le tout le plus promtement qu'il sera possible, pour ne point retarder son opération.

VII.
Choix de dix ou douze principaux Habitans pour l'examen des déclarations.

VIII.
Attention que doit avoir le Commissaire en cas de concert frauduleux.

Si néanmoins le Commissaire remarquoit un concert frauduleux entre tous les Habitans pour cacher une partie des Biens de la Paroisse, il doit commencer par leur faire sentir qu'il n'est point la dupe de leur manœuvre, & qu'ils exposent leur Communauté à une punition générale, mais s'ils persistent dans leur fausseté, & qu'il ne puisse point les ramener à la verité, il aura soin de Nous en donner avis, en Nous indiquant les soupçons qui peuvent le conduire à présumer cette fraude. Pour lors si l'objet paroissoit mériter assez d'attention, peut-être engagerions-nous le Conseil à authoriser une visite & un arpentage sommaire du terrain pour constater la fraude, & se mettre en état de faire quelque exemple capable d'en imposer aux Communautez : mais en tout cas, pourvû que la forme soit bien observée dans un Rolle tarifé, & que le Commissaire soit en état de connoître la veritable force d'une Communauté, & de Nous expliquer la raison de la surtaxe apparante, il Nous sera absolument égal que les Tarifs y soient à dix sols ou au sol pour livre, peu à peu les Habitans se lasseront d'être la victime de la fraude de quelqu'uns, & on peut laisser à leur interêt le soin de ramener ce petit nombre de Taillables injustes à la règle de proportion dont ils veulent s'écarter.

IX.
Avertissement tant aux faux déclarans qu'à ceux qui auront négligé ou refusé de donner leurs déclarations.

Le Commissaire ou la personne préposée de sa part, aura soin dans cette assemblée de rectifier les déclarations, en faisant sentir aux Contribuables qu'il ne les admet que par grace à cette facilité ; mais en même tems il leur renouvellera de vive voix qu'ils n'ont plus que ce moyen d'éviter la condamnation d'amende indiquée par le Préambule du Modele de déclaration, qu'ils seront non recevables à le faire par la suite ; il avertira pareillement ceux qui n'auront point encore fourny leurs déclarations, que s'ils n'y satisfont dans trois jours, ils ne seront plus admis sous aucun prétexte à se plaindre de la surtaxe de leur Cotte, ny de la punition qui aura été prononcée contre eux. S'il se trouvoit quelques absens, il chargera leurs parents & amis de leur faire donner un semblable avertissement.

X.
Peines des faux déclarans & des refractaires aux ordres.

En éfet, lorsqu'il sera question de procéder à la confection du Rolle, le Commissaire observera pour les faux déclarans de tirer en augmentation l'Article qui aura été obmis, & d'y ajoûter par forme de punition le double de l'Imposition qu'il devoit porter pour cet objet obmis ; ce double néanmoins par un Article séparé, en faisant mention de la fausseté. Il observera la même régle pour le non déclarant, après avoir pris les indications que luy auront faites les Habitans de la Ferme qu'il exploite, s'il est Fermier, de son Commerce s'il est Commerçant, du produit de son Métier, ou de son travail journalier s'il est Artisan ou Manouvrier ; il tirera le total de sa Cotte, à laquelle par un Article séparé il ajoûtera le tiers en sus de la totalité d'icelle, en faisant mention de sa désobéïssance, le tout à la décharge de la Communauté, en diminuant d'autant chaque Tarif de Biens ou Commerce.

Les

Les déclarations des Taillables ainsi fournies & discutées par les Habitans, le Commissaire en tirera le relevé général pour constater la quantité & qualité de chaque nature de Biens, soit Terres labourables (qu'il partagera s'il est nécessaire en differentes Classes, de bonnes, médiocres, ou mauvaises,) soit Prez, Vignes, Bois, Chènevieres, Jardins, Vergers, Ozerayes, ou autres especes de Terres, en distinguant celles tenuës à loyer ou en proprieté; il tirera pareillement l'état des Rentes, Maisons, Colombiers ou Volets, Moulins, Pressoirs, Etangs, & généralement de toutes Usines, & autres natures de Biens-fonds pareillement tenus à loyer ou en proprieté, puis le détail de chaque espece de Bestiaux, Chevaux & Poulains au-dessus de deux ans, Bœufs & Bouvillons au-dessus de deux ans, Vaches ou Genisses au-dessus de deux ans, Cochons, Moutons ou Brebis, Chèvres, Bêtes asines, ou autres animaux propres au labour, & à l'engrais des Terres, ou qui peuvent rapporter un profit à leurs Maîtres. Il fera aussi mention du produit de la Basse-cour du Laboureur en Volailles, si l'objet peut mériter attention, comme aussi des Ruches de mouches à miel, s'il y en a suffisamment pour y faire un profit réel, enfin il tirera la notte de chaque espece de Commerçant ou Artisan, soit Chirurgiens, Cabaretiers, Bouchers, Voituriers, Maréchaux, Cordonniers, Tailleurs, Maçons, Boulangers, Serruriers, Charons, Bourliers, Tisserands ou autres gens de Métier, puis le nom & le nombre des simples Manouvriers & Vignerons, des Veuves ou Filles tenant ménage, & généralement de tous ceux qui peuvent être sujets à la Taille.

XI. *Relevé général des déclarations avec la distinction de tous les differens objets.*

Lorsque le Commissaire aura fait ce relevé général, il sera pour lors nécessairement obligé d'indiquer un jour fixe pour son transport dans la Communauté, & de s'y rendre éfectivement, pour en présence de tous les Habitans assemblez au son de la cloche, leur communiquer luy même le résultat de chaque déclaration, avec les nottes des principaux Habitans qu'il aura nommé pour les examiner & contredire, & en cas de contestation, il en dressera son Procès-verbal sommaire, en réservant au Contribuable pour les Articles douteux la justification dans trois jours des faits qu'il avancera, mais pour ceux où il appercevra une fraude manifeste, il suivra les indications des Habitans & ira en avant en conséquence sur la confection du Rolle de la Communauté. Ceux qui se trouveront absens seront non recevables à présenter sous ce prétexte leur Requête en opposition; aussi le Commissaire doit-il avoir grande attention à prévenir au moins huitaine auparavant, de son transport dans la Paroisse.

XII. *Second transport du Commissaire dans la Communauté.*

Le Commissaire dans ce voyage aura soin de reconnoître & examiner attentivement la qualité des Terres, & situation du terrain, le plus ou le moins d'aisance du Village & des Habitans, l'état s'il se peut de leurs Bestiaux, en un mot tout ce qui pourra le conduire à connoître, & Nous indiquer au Département suivant, la force & la ressource de la Paroisse, & de ceux qui la composent; mais à son retour, l'Opération la plus essentielle, & celle qui méritera le plus d'attention, ce sera de se former un Plan général pour l'estimation des Fonds, & la fixation du Tarif de chaque nature de Biens en propre ou à loyer, soit pour les differentes especes ou qualitez des Terres, c'est-à-dire bonnes, médiocres ou mauvaises, à proportion de leur different produit, soit pour celle des Bestiaux, des Maisons, Biens-fonds, Usines, Commerce, Cottes des Artisans, Manouvriers & Veuves, en un mot pour la fixation de tout ce qui peut être sujet à la Taille.

XIII. *Plan général de toute l'Opération.*

Pour y réussir, la voye la plus simple & la plus naturelle est de commencer par faire l'estimation du fond de Terre suivant sa qualité & son produit, c'est-à-dire, par exemple, la bonne Terre labourable à 400. liv. plus ou moins, la médiocre à proportion, la mauvaise dans le même esprit, suivant leur valeur & leur qualité; l'Arpent de Bois à tant, l'Arpent de Prez de même, celui de Vignes, & ainsi des autres; le prix des Baux peut conduire pour cette estimation, puisqu'il est naturel de juger de la valeur d'un fond de Terre par le Revenu qu'il produit au Propriétaire; d'un autre côté, il est facile de se faire représenter quelque Contrat de Ventes faites depuis peu dans cette Paroisse; un Commissaire zelé & intelligent peut aisément découvrir la verité, & la valeur réelle des meilleures Terres, qui le conduiront insensiblement à celle des autres. Cette estimation une fois faite, rien n'est plus simple que de se déterminer suivant la Taille de la Paroisse à un Tarif uniforme, c'est-à-dire au sol, aux deux sols pour livre du revenu, plus ou moins, ensorte que le Taux de chaque Terre, quoique tiré sur un Tarif égal, soit plus ou moins fort suivant la difference de l'estimation. Exemple.

XIV. *Estimation des Fonds.*

L'Arpent de bonnes Terres, estimé 400. liv. celui de médiocres, 200. liv. & celui de mauvaises, 60. liv. plus ou moins; le Commissaire fixera le Taux de ces Terres au sol ou deux sols pour livre du revenu, ce qui faisant pour les premieres un revenu commun de 20. liv. pour celles estimées 200. liv. 10. liv. & pour les autres estimées 60. liv. 3. liv. par Arpent, les deux sols pour livre de 20. liv. feront quarante sols; les deux sols pour livre de 10. liv. feront ving sols, les deux sols pour livre de 3. liv. feront six sols: par conséquent, l'Arpent de bonnes terres portera 40. sols, celui de médiocres 20. sols, & celui de mauvaises 6. sols. Nous ne proposons néanmoins cet exemple que pour servir

XV. *Tarif qui doit dépendre de l'estimation.*

d'indication, car l'estimation aussi bien que le Tarif qui la suit, doit dépendre de la prudence du Commissaire; en effet il est des Terres dont le fond peut valoir sept & huit cent livres, comme il est des Généralitez où le Tarif va jusqu'aux cinq & six sols pour livre, ainsi le Commissaire doit se regler sur la valeur des Terres, & par la nécessité où il sera de remplir le Rolle.

XVI. *Estimation qui doit servir de règle pour la Cotte des Artisans & Manouvriers.*

On peut faire la même opération pour l'Artisan & le Manouvrier, en estimant le produit de son travail, & des journées qu'il peut gagner, sa nourriture déduite, celle de sa femme & de ses enfans. Il est des Paroisses où pour simplifier la Cotte des Artisans & Manouvriers, on s'est fixé à deux cent journées de travail par an, dont on est convenu de prendre huit ou dix pour règle de leur Imposition, en sorte que la journée d'un Artisan ou Manouvrier estimée sur le pied de huit sols, dix journées font 4. liv. ce qui opérera une Cotte de 4. liv. & ainsi des autres proportions que le Commissaire arbitrera suivant sa prudence.

On peut faire de même l'estimation des Maisons en appreciant leur valeur & celle des autres Biens-fonds & Usines, & ensuite se fixant à un Taux suivant l'estimation qui en aura été faite. Cette estimation pourra servir pour toûjours dans une Communauté, n'étant plus question que de tirer un marc la livre plus ou moins fort, suivant l'Imposition de la Communauté, & les changemens qui pourront y survenir.

XVII. *Communication des estimations & projets aux Habitans.*

Lorsque le Commissaire aura sur le tout mûrement déliberé, & fait les estimations & projets de Tarifs, il assignera un jour aux Sindic, Collecteurs & principaux Habitans, ausquels il aura reconnu le plus d'intelligence, tant en Laboureurs que Commerçans, Artisans & simples Manouvriers, pour leur communiquer, & les entendre sur cette fixation, même tâcher de se concilier avec eux; néanmoins il ne sera point obligé de s'astrindre à leur avis. Il en fera seulement mention dans le Procez-verbal qu'il dressera, & qu'il Nous envoyera avec ses observations particulières & les motifs qui auront décidé la fixation qu'il Nous proposera; Nous aurons soin de lui mander promtement & exactement notre décision.

XVIII. *Conseils généraux pour l'estimation du Fonds, du Commerce, & du travail du Journalier.*

Quant à la fixation de l'estimation des Terres & du Tarif que le Commissaire fera en conséquence, Nous ne pouvons luy donner sur cela ny de règles, ny de Conseils certains, l'estimation doit dépendre absolument de la qualité des Terres & des Biens, de celle des Bestiaux, de l'objet du Commerce, qui peut être plus ou moins fort, suivant la distance où sera la Paroisse, des grandes Villes ou des grands Chemins, & la facilité du débit; le Tarif doit ensuite pareillement dépendre de la quantité de chaque espece de Biens, du nombre de Contribuables & de leur Commerce ou Vacation, le tout à proportion de la quotité de la Taille de la Communauté.

XIX. *Inconveniens inévitables pour une premiere année.*

XX. *Avantage du travail pour la suite.*

Il est vray que le Tarif pourra se trouver une premiere année trop fort ou trop foible, eû égard à l'estimation des Terres & des autres Biens; c'est un mal qu'il est impossible de prévenir, attendu l'Imposition, pour ainsi dire arbitraire, que Nous sommes obligés de faire de la Taille de chaque Communauté; mais cet inconvenient sera facile à réparer les années suivantes; aussi est-ce le principal avantage qu'on doit envisager du travail de la Taille tarifée exactement suivi, puisqu'en embrassant un certain canton successivement, il peut visiblement conduire à connoître les Communautés plus ou moins chargées, (difference qui n'échape que trop souvent à l'attention des Officiers des Elections, à celle des Receveurs des Tailles, & aux differentes connoissances que peuvent Nous donner nos Subdélégués ou autres personnes de confiance.) Le Tarif dépend donc d'abord de l'estimation de chaque Fond, Commerce ou Vacation, ensuitte de la quotité de la Taille dont le Commissaire doit remplir le Rolle, & ce sera sur ce pied qu'il travaillera à fixer le Tarif de chaque nature de Bien en particulier, mais néanmoins toûjours sur un principe uniforme pour chaque espece de Terre; il en fera de même pour chaque different Bétail, pour chaque Métier particulier, aussi bien que pour la Cotte de chaque espèce d'Artisan, pour chaque Commerce, chaque Manouvrier, & chaque Veuve.

XXI. *Permission de proposer differentes classes pour les Terres.*

Néanmoins comme Nous l'avons déja observé, en cas de difference essentielle, le Conseil autorise à faire dans la même Communauté differentes Classes quoy que pour les mêmes natures de Biens, Commerces ou Métiers; en éfet il est aisé de concevoir qu'il sera nécessaire d'établir dans la plu-part des Paroisses differents Taux pour les Terres, suivant la differente qualité de bonnes, médiocres ou mauvaises; mais en même tems, Nous déclarons qu'à moins qu'il n'y ayt une difference bien essentielle, l'intention du Conseil est d'éviter le plus qu'il sera possible cette multiplicité de Tarifs, car outre la confusion, & le grand travail que cela opérera, il y auroit toûjours à craindre que ces differens Taux ne dégenerassent par la suite dans cet arbitraire que l'on à tant à cœur de réformer. Il faut donc uniquement s'attacher à se raprocher autant que faire se pourra, de la justice, sans entrer servillement dans toutes les petites differences de Terres que les Habitans pourront représenter, & observer en général de ne faire jamais dans la même Communauté sous quelque pretexte que ce puisse être, plus de trois Tarifs differens pour les Terres; sçavoir, bonnes, médiocres & mauvaises.

XXII. *Difference de classes pour les Artisans & Manouvriers.*

Il en est de même de la difference des Manouvriers, Artisans, & Gens de Métier; on peut faire deux Classes pour chaque Métier, ou Manouvrier, c'est-à-dire des bons & mauvais, en distinguant ceux au-dessus & au-dessous de cinquante ans, & entrant dans les considérations de leurs infirmités; ou malheurs particuliers, de ceux chargez d'enfans en bas âge, ou qui en ont avec eux de plus ou moins en état de les secourir; mais on doit observer pour chaque Métier; Artisan ou Commerçant, de ne faire que deux Classes de bons ou mauvais, & le Commissaire doit énoncer son motif pour la Cotte de cet Artisan ou Manouvrier, toûjours néanmoins en règlant son Imposition sur le pied de ce qu'il peut gagner par jour.

XXIII. *Differente estimation pour chaque nature de Biens.*

Chaque nature de Terre doit aussi avoir sa fixation particulière, c'est-à-dire l'Arpent de Bois à tant, celui de Taillis à tant, celui d'Ozeraye à tant, les Prez de même, les Vignes à tant, les Terres labourables à tant, les Chènevières de même, les Jardins à tant; en un mot le produit de chaque espece de Terre étant different, & par conséquent le revenu qu'en tire le maître n'étant pas le même, c'est une justice d'établir une difference de Taux. Il en est de même de chaque espece de Bestiaux qui étant plus ou moins utils à leur Maître, & d'un produit plus ou moins avantageux, doit avoir son Tarif different, mais uniforme. Nous observerons néanmoins en passant, que l'intention du Conseil est de ménager extrêmement le Taux des Bestiaux, cette espece de Commerce méritant grande faveur pour exciter l'émulation & le courage des Habitans sur cela.

XXIV. *Taxe des Bestiaux, & les ménagemens que le Conseil recommande pour cette espece d'Industrie.*

XXV. *Supression des Cottes personnelles.*

Le Conseil a entièrement suprimé pour l'avenir toutes les Cottes personnelles, celles de simples Manouvriers ou Artisans, qu'on appelloit anciennement de ce nom, seront présentement dénommées Cottes d'Industrie, & de même il n'y aura plus de Cotte personnelle pour le simple Laboureur qui fera valoir uniquement sa Ferme sans autre Commerce extraordinaire, il sera seulement compris pour le nombre d'Arpens de terre qu'il fait valoir, pour ses chevaux, Bestiaux, Rentes, ou autres natures de Biens, sans être sujet à aucune Cotte personnelle n'y d'Industrie.

Nous convenons d'avance de l'objection sensible qui se présente à l'esprit; sçavoir, que le Laboureur aidé de ses enfans & d'une femme intelligente faisant valoir la même quantité & qualité de Terres, avec le même nombre de Bestiaux & de Biens, se trouvera traité comme celuy qui est obligé de se servir de domestiques à gages, & qui aura peut être quelques malheurs particuliers; mais cette considération qui n'étoit point échapée aux lumières du Conseil, & sur laquelle Nous luy avons d'abord fait nos représentations particulieres, n'a point paru mériter une distinction, par la crainte de retomber insensiblement dans l'arbitraire des Cottes qu'il a pour objet de réprimer comme la source des plus grandes injustices.

XXVI. *Distinction du veritable Laboureur, de celui qui n'est occupé qu'une partie de l'année à l'exploitation de ses Terres.*

Le Laboureur uniquement occupé de sa Ferme, ne devant plus avoir de Cotte personnelle ni d'Industrie, le Commissaire aura attention de ne point se laisser surprendre par la dénomination de Laboureur que se donneroient des particuliers, qui ayant un ou deux Chevaux, feroient simplement valoir quelques Arpens de Terres, & le reste du tems feroient des voitures, ou travailleroient comme Artisans; en ce cas le Commissaire les imposera d'abord comme Laboureurs de demie ou quart de Charuë, eü égard au nombre d'Arpens qu'ils font valoir, ensuite pour leur commerce en voitures, s'ils en font, ou en labours pour autrui, sinon comme Artisans ou Manouvriers, suivant le gain qu'ils y peuvent faire; & cette seconde Cotte sera nommée Cotte d'Industrie. Mais afin d'observer sur cela une règle uniforme, & ne point donner lieu à des représentations inutiles de la part des Habitans qui se reprocheroient entr'eux quelques voitures d'hasard, ou autres petits ouvrages qui ne mériteroient souvent point d'attention, le Commissaire aura soin de fixer en connoissance de cause dans une Paroisse, & du commun consentement des Habitans, le nombre d'Arpens de Terres qui pourront suffire pour occuper un Laboureur, & attribuer ce titre au Contribuable.

XXVII. *Fixation du nombre d'Arpens qui caractérisent le Laboureur.*

XXVIII. *Enonciation de toutes les differentes Vacations, ou Commerce du Contribuable.*

Chaque nature de bien d'un Contribuable doit être dans sa Cotte dénommée separément; sans que differens Biens ou differens Commerces puissent être confondus ou réunis sous la même dénomination; ensorte que si le Taillable a differentes Vacations ou Commerce, il doit être imposé séparément pour chaque nature de Commerce & Vacation, à proportion du profit qu'il y peut faire.

XXIX. *Difference de la Taxe du Propriétaire & du Locataire.*

Le Propriétaire taillable faisant valoir son bien propre, doit être imposé au double du simple Locataire, attendu qu'il fait double profit; c'est-à-dire que si l'Arpent, Journel, Boisseau, Verge ou autre mesure de Terre à loyer est taxé à 20. sols, plus ou moins pour le Locataire, le Propriétaire exploitant par ses mains portera 40. sols; par la même règle, le Propriétaire Habitant de la Communauté, & faisant valoir son bien par autrui, portera autant que son Locataire; c'est-à-dire que si le Tarif de la Paroisse est règlé à 20. sols pour l'exploitation, le Propriétaire portera 20. sols pour sa propriété, ensorte que cet Arpent ou autre mesure de terre, portera toûjours le même Taux. Nous supposons néanmoins que le Propriétaire soit Taillable, & qu'il soit Habitant de la

XXX. *Attention qu'il convient d'avoir pour les Privilegiez ou Domiciliez dans d'autres Communautez.*

Communauté, car s'il étoit Privilegié, Noble ou Habitant de Ville franche, domicilié dans une autre Province, ou étranger, en ce cas il sera exemt; mais s'il est Taillable, & qu'il soit Habitant d'un autre lieu, il faudra vérifier s'il a satisfait aux Reglemens, & fait les significations ordinaires, tant dans le lieu de son domicile que dans celui où les Terres sont situées; s'il se trouve en règle & point imposable, cette Cotte de proprieté sera en pure perte pour la Communauté, sauf à distinguer au Département suivant, les Paroisses où il y aura beaucoup de Propriétaires étrangers de celles où il ne sera trouvé que de simples Fermiers.

XXXI. *Taxe du Proprietaire d'une Rente active.*

Le Taux de la simple proprieté devant être égal au Taux de l'exploitation simple, il s'ensuit que le Propriétaire d'une Rente active, ne doit être imposé pareillement qu'au Taux du simple Propriétaire; c'est-à-dire que dans la Paroisse où le Taux de la simple proprieté sans exploitation, sera de deux sols pour livre, le Propriétaire d'une Rente active ne sera qu'aux deux sols pour livre du montant de sa Rente, & ainsi des autres à proportion.

XXXII. *Uniformité de Taxe pour les Bestiaux en propre ou à loyer.*

La difference de la Cotte du Propriétaire ou de celle du simple Fermier qui s'observe pour les Terres, ne sera pas la même pour les Bestiaux tenus en propre ou à loyer. Quoi qu'il y eût une justice apparente à faire une distinction de Tarif pour ceux tenus à loyer ou à cheptel, néanmoins le Conseil a ordonné de n'en admettre aucune, attendu d'un côté les fraudes qu'il pourroit y avoir, & de l'autre par le danger qu'il y auroit de forcer & découvrir ceux qui font ce commerce particulier, qu'on a interêt de ménager; en sorte qu'il n'y aura dans une Communauté qu'un seul Taux pour chaque nature de Bétail dont le Tarif doit être à proportion du produit qu'ils peuvent raporter.

Lorsque le Commissaire en conséquence de toutes ces observations & principes, aura pris en gros son party sur la fixation de tous les Biens, Commerce & Travail des Habitans, & en conséquence de l'Imposition, règlé le Tarif, Nous pouvons dire sans trop hazarder, que le moindre Clerc ou peu intelligent pourra sur les déclarations composer les trois quarts & plus, des Cottes de la Paroisse, il ne marchera plus que de conséquences en conséquences, & sur les principes certains & uniformes; ce sera une affaire purement de calcul. S'il se présente des difficultés, le Commissaire Nous proposera (comme il est dit cy-dessus) ses doutes, & recevra fort promtement notre réponse.

Principes à observer lors de la confection du Rolle.

XXXIII. *Nécessité de mettre à la teste du Rolle le relevé général de toutes les Estimations & Tarifs qui auront été faits en conséquence.*

LE Tarif ainsi règlé contradictoirement, s'il se peut, avec les Habitans, ou en cas de contestation, proposé par le Commissaire, & approuvé de Nous, il sera fait un relevé général des estimations * & differens Tarifs de chaque nature de Biens, Commerce, Métier, & Cotte d'Industrie, qui sera mis à la tête du Rolle, à fin d'apprendre à chaque Contribuable sur quel pied on s'est déterminé à répartir la Taille entr'eux; rien n'étant plus essentiel que de leur faire connoître que la loy qu'on s'est proposée a été exactement suivie; c'est l'unique façon d'établir la confiance, qui seule peut soûtenir cette opération, & en faire sentir aux Habitans des Paroisses, non seulement l'utilité, mais même l'interêt particulier qu'ils ont de découvrir les fausses déclarations, omissions, erreurs, & déguisemens, puisque les Taux de chaque espece de bien diminuëra pour eux à proportion de la quantité & qualité qui s'en trouvera dans leur Communauté.

XXXIV. *Détail de chaque Cotte particulière.*

Le Commissaire commencera son Rolle par les noms des Exemts & Nobles, s'il y en a, ensuite il tirera suivant l'ancien usage le nom de chaque Habitant par lettre alphabetique, & entrera, comme il est cy-dessus expliqué, sur chaque Cotte particuliere, dans le détail de chaque nature de Biens, Bestiaux, Commerces, Métiers, ou Vacations, dont il tirera en tête de chaque Cotte la somme totale de l'Imposition du Taillable.

XXXV. *Ne point suivre le prix des Baux pour règle de l'Imposition, mais éxiger le détail des Biens*

Quant aux Baux à ferme, en argent, à moitié, tiers franc, stipulation de grains, voitures, ou autres clauses, le Commissaire n'y aura point égard, comme il se pratiquoit anciennement; l'Imposition ne doit point dépendre du prix des Baux, chaque Laboureur ou Fermier sera obligé de donner sa déclaration détailiée par quantité & qualité des Arpens, Journels & autres mesures de terres ou bien qu'il fait valoir, en spécifiant de quelles natures elles sont, soit Prez, Bois, Vignes, &c. En éfet il résultoit un véritable abus de suivre le prix des Baux pour règle de l'Imposition, puisque des Biens de valeur égalle, s'afferment tous les jours plus ou moins, suivant l'habilité du Propriétaire, ou le défaut d'intelligence du Locataire, en ce cas, le Fermier qui faisoit le plus de profit étoit le moins taxé, au lieu qu'en suivant le nombre d'Arpens & la quantité des Terres, la justice sera égale pour tous, il n'y aura que le Laboureur vigilant qui trouvera

XXXVI. *Inconveniens de la Taxe sur le pied des Baux.*

* *Nota.* Il faudra mettre à la tête du Rolle, la mesure de l'Arpent, Journel, ou autre dénomination des Terres dans la Communauté, ce que cette mesure contient réduite au pied de Roy; cette précaution est nécessaire pour juger de la justice de l'estimation & du Tarif qui se fera en conséquence.

trouvera la récompense de son travail, au lieu que celuy qui négligera ses labours, les fumiers ou autres amandements propres à faire valoir sa terre, trouvera la punition de sa négligence. Cette surcharge apparante pour les malheureux, & les moins intelligens, loin de décourager les Taillables, excitera au contraire leur vigilance, & cette émulation si désirable dans tous les états. On observera d'ailleurs que l'ancienne métode de suivre les Baux à la lettre donnoit lieu à des détails infinis, puisque dans la plu-part il se rencontroit des préstations en especes ou en grains, d'autres en voitures, des réserves, des charges de payer aux Seigneurs, ou autres stipulations qu'il faloit apprécier. L'estimation des grains étoit pareillement sujete à variation, en sorte qu'il eut fallu remanier presque tous les ans en entier, les Registres de proportion, ou Rolles de Tailles, suivant qu'il y auroit eu du changement dans les Baux, au lieu que l'Imposition par Arpent, coupant court à toutes les fraudes & Baux simulez, (ausquels la fixation sur le prix des Baux eût donné lieu.) elle établit la répartition sur des principes si stables, qu'il n'y aura plus de changement à faire que celui des noms, ou tout au plus, un marc la livre nouveau à tirer sur chaque Tarif, en cas d'augmentation ou diminution de la Paroisse.

XXXVII. *Nécessité de la réprésentation des Baux, & avantages qu'on en peut tirer.*

Néanmoins comme Nous l'avons précédemment observé, quoi que le Commissaire ne doive point avoir égard aux Baux, il ne faut cependant pas qu'il en refuse absolument la réprésentation, il peut même quelque fois l'éxiger lorsqu'il présumera de la fraude, ils serviront à lui donner une idée de la quantité des Terres d'une Paroisse. En effet le prix du Bail & l'énonciation qu'il contient ordinairement, conduira à une connoissance encore plus particulière. Premierement de la quantité, & ensuite de la qualité des Terres que tiendra le Fermier, puisque par une conséquence certaine le loyer étant plus ou moins fort, le corps de la Ferme doit étre plus ou moins considérable & composé de Terres plus ou moins bonnes. Néanmoins le Commissaire à besoin de faire usage prudemment de cette observation, puisque la force des Baux, comme Nous l'avons cy-dessus observé, dépend souvent de l'intelligence du Propriétaire.

XXXVIII. *Régles à observer pour la déduction des Charges.*

Quant à la déduction des Charges ou Dettes, le Conseil a décidé que le Commissaire n'aura égard qu'à celles dont la Rente sera au dessus de trois livres par année, les autres ne meritant point assez d'attention; mais pour celles qui excederont cette somme, & qui seront justifiées par la répresentation des Actes ou Contrats (avec déclaration du Taillable qu'il n'y aura eu ni remboursement, ni contre-lettres,) il en sera fait déduction sur le pied du sol, deux sols, ou trois sols pour livre, plus ou moins, c'est-à-dire sur le pied que les Biens seront taxez dans la Communauté, en sorte que si un Bien de 10000. liv. est chargé de 100. liv. de Rente passive, & que les Biens soient aux deux sols pour livre, pour lors il sera fait déduction de 10. livres, cette règle s'observera dans la même proportion, suivant le plus ou le moins de la Rente ou Redevance, & suivant la difference du Tarif des Terres ou Biens dans la Communauté; mais en général il est de principe que la déduction de ces Charges & Rentes ne doit point se faire sur la Taxe dûë pour l'exploitation, mais uniquement sur celle de la proprieté; en sorte qu'une Ferme soit chargée de Champarts, de Redevences Seigneurialles, ou de Rentes foncieres, elle doit porter quant à l'exploitation, autant de Taille que celle qui est libre, & est composée de la même quantité & qualité de Fonds. En effet, le profit du Fermier ou Exploitant est toûjours le même, soit qu'il rende la totalité du revenu à un seul Propriétaire, soit que sur ce revenu il y ait des Charges à payer, c'est le Propriétaire qui les paye, & non le Fermier sur son profit.

XXXIX. *Distinction à faire dans la déduction des Charges, de la Taxe de propriété, d'avec celle d'exploitation.*

Sur ce principe, le Propriétaire qui fait valoir par ses mains ne doit avoir de déduction que sur la partie de la Taxe de sa propriété, qui étant le double de celle du Locataire, doit par conséquent ne porter que sur moitié de la Cotte qui regarde la propriété. Exemple. Un particulier est Propriétaire de cinquante Arpens de Terres qu'il fait valoir par ses mains, & qui peuvent être estimez sur le pied de 20. sols pour la propriété, & 20. sols pour l'exploitation, ce qui fait en tout 40. sols par Arpent, sa Cotte pour ces cinquante Arpens est de 100. liv. Il doit sur ce Bien 1000. liv. au denier vingt qui font 50. liv. de Rente, la déduction à faire pour ces 50. liv. de Rente ne doit porter que sur la moitié de la Cotte, c'est-à-dire sur 50. liv. & par conséquent la déduction ne doit être qu'au prorata de 50. liv. Il en est de même d'une Rente dûë sur une Maison ou autres Biens, la déduction ne doit jamais se faire qu'en faveur du Propriétaire & sur la partie d'Imposition qui regarde la propriété, & quand la Rente dûë excederoit la Taxe de la propriété, la déduction ne doit jamais se rejetter sur l'exploitation.

XL. *Ménagemens qu'on doit avoir pour le Commerçant.*

Quant aux Commerçans, comme il seroit dangereux & même contraire au bien public, d'éxiger d'eux le détail de leurs dettes, il est de la prudence du Commissaire de s'informer du profit qu'ils peuvent faire, & de les taxer en conséquence, mais toûjours moderément; rien n'étant plus essentiel que de ménager cette partie, à laquelle le Conseil a intention d'accorder une protection visible. Il vaut mieux pécher sur cet article, par trop d'indulgence, que d'user d'une trop grande séverité, les Commerçans étans précieux à l'Etat.

XLI. *Taxe des Maisons, & le taux qu'on peut suivre.*

A l'égard des Maisons, le Commissaire doit les comprendre dans ses Rolles, soit qu'elles soient tenuës à loyer ou occupées par le Propriétaire, même les Maisons des Fermiers, en fixant ces dernieres sur le pied qu'elles pourroient être loüées y compris les Jardins & Accins qui y sont joints, la Taxe des Maisons tenuës à loyer sera au vingtiéme du revenu qu'elles sont loüées, la Taxe de celles occupées par le Propriétaire sera sur le pied du dixiéme qu'elles ont été loüées anciennement, ou sur l'estimation de ce qu'elles pourroient être loüées, ce qui fait par la même règle que le Propriétaire qui n'occupe point sa Maison, & qui la louë, ne payera que sur le pied du vingtiéme comme le Locataire, en observant de faire la déduction du cinquiéme sur la Taxe de la proprieté seulement, à cause des réparations desdites Maisons qui sont à la charge du Propriétaire.

XLII. *Cotte des Fermiers généraux qui sousloüent une partie de leur Ferme.*

La Cotte des Fermiers généraux qui font valoir par leurs mains, ou qui sous-loüent à d'autres Particuliers, est prévûë par un Article de notre Mandement des Tailles, dont les Commissaires sçavent les dispositions que Nous croyons inutile de leur rappeller; mais néanmoins Nous devons leur observer que si le Tarif de la Paroisse est plus fort que le sol pour livre, comme cette règle a été le motif de la fixation du centiéme pour les Biens qu'ils sous-louënt, ils doivent suivre dans le travail de la Taille tarifée, la proportion d'augmentation pour les Biens que ces Fermiers généraux n'exploitent point par leur mains, & augmenter à proportion le Tarif de leur Cotte, en sorte que si les Biens d'exploitation par leur mains sont aux deux sols pour livre, ils doivent porter le cinquantiéme du prix principal de ceux qu'ils sous-louënt, au lieu du centiéme indiqué par notre Mandement.

XLIII. *Taxe des Fermiers des Dixmes.*

Par raport aux Dixmes, comme il n'est pas possible de prendre l'Imposition par le nombre d'Arpens sur lesquels elles se levent, il faut nécessairement suivre le prix des Baux. La considération particulière que le Décimateur avoit un profit réel, sans être obligé aux labours, n'y charges annuelles, avoit engagé les années dernieres quelques Commissaires à porter ces sortes de Biens aux quatre & cinq sols pour livre du prix du Bail, mais s'ils observent que ces avantages ont vraisemblablement fait partie du prix plus fort que le Locataire en rend au Propriétaire, Nous sommes persuadés qu'ils estimeront comme Nous, qu'il suffira de les imposer au sol & demi, ou aux deux sols pour livre du prix du Bail; Nous recevrons néanmoins sur cet Article, avec plaisir, comme sur tous les autres ou Nous ne marquons point expressément les intentions du Conseil qui n'a pu prévoir tous les cas, les représentations des Commissaires, ausquels Nous ne prétendons point donner nos réflexions particulières comme des règles invariables, Nous les prions au contraire de Nous aider à perfectionner un travail qui peut être fort util pour le bien du Taillable & celui du Recouvrement, s'il est suivi avec éxactitude & intelligence.

XLIV. *Taxe des Commis des Fermes.*

Quant aux Commis des Fermes, M. le Controlleur Général à décidé expressément par sa Lettre du 6. Octobre dernier, qu'ils ne devoient joüir d'aucune exemption de Taille, si ce n'est de la taxe qu'il devroient porter pour le gain qu'ils peuvent faire sur leur Commission, mais qu'à l'égard de leurs autres biens tant personnels que d'exploitations, aussi bien que pour leur Industrie ou Commerce, ils doivent être taxé suivant la loy uniforme du Tarif de la Communauté. Nous convenons qu'il sera nécessaire de demander au Conseil sur cet Article, un Règlement général en interpretation de l'Article XI. du Titre commun des Fermes, de l'Ordonnance de 1681, & autres Règlemens, dont les dispositions paroissent autoriser l'usage contraire qui s'observe presque généralement dans les Elections; mais sans y avoir égard le Commissaire doit par provision, pour les Rolles de Taille tarifée, se conformer à la décision de M. le Controlleur Général, sans appréhender (comme quelques Officiers des Elections Nous ont paru le craindre) de se commettre, puisqu'ils travaillent en cette partie comme Commissaires du Conseil, & que les oppositions aux Rolles faits par des Commissaires ne peuvent être portées ailleurs que pardevant Messieurs les Intendans, & l'Appel de leurs Ordonnances au Conseil; ce sera à Nous à soûtenir sur cet Article le travail des Commissaires, & même, s'il est nécessaire, à supplier M. le Controlleur Général de rendre cette interprétation des Règlemens uniformes pour toute les Communautez où il y a des Commis des Fermes; ce seroit certainement un grand avantage, ces sortes de Commissions occasionnant une surcharge presque générale dans la pluspart des Paroisses, où elles se mutiplient chaque jour sans nécessité, sous prétexte de Bureaux de Conserve, ou autrement.

XLV. *Taxe des Privilegiés.*

A l'égard des autres Privilegiés comme Gardes-Etalons, Selpêtriers ou autres ausquels le Roy à attribué une certaine diminution de Taille, le Commissaire doit tirer leurs Cottes en plein, & Nous rèfferer la fixation en diminution en conséquence du mérite du Privilege.

XLVI. *Taxe du Mineur.*

Il en est de même du Mineur, qui suivant les Règlemens ne peut être imposé jusqu'à sa majorité, le Commissaire doit tirer sa Cotte telle qu'elle doit être, eu égard à son Commerce, Vacation ou à la quantité & qualité de ses Terres, sauf à mettre à côté de sa Cotte une exemption totalle si elle est jugée légitime par M. le Controlleur Général, du quel Nous attendons sur cet Article, la décision, mais en tous cas, les Fermiers ou les Péres de ces mêmes Mineurs qui font valoir ce sortes de biens, sont sujets au même Tarif pour l'exploitation qu'ils en font, que les autres détempteurs d'héritages à loyer.

XLVII. *Régles à observer pour la Taxe de ceux qui ont changé de domicile.*

Quant aux Habitans qui ont transferé leurs domiciles dans les Villes franches, ou changé de Paroisse ou d'Election, il faut se conformer aux Réglemens en continuant de les taxer eu égard à leurs Exploitations, Commerce ou Vacation, & à cet éfet les avertir de fournir leurs déclarations dans le goût des autres Habitans; mais s'ils demeurent dans les Villes franches, & qu'ils ayent cessé toute Exploitation dans leur ancienne demeure, comme suivant les Réglemens ils doivent continuer à être imposés pendant dix ans, en ce cas, le Commissaire donnera la Cotte qui lui paroîtra juste, & cette Cotte sera appellée Cotte de suite; Au reste, s'il se présente quelque difficulté particuliére sur cet Article, le Commissaire Nous en réferera, en Nous envoyant le projet de son travail, & Nous lui ferons sçavoir notre décision.

XLVIII. *Taxe des Particuliers étrangers exploitans sur la Paroisse.*

A l'égard des Particuliers étrangers qui exploitent sur la Paroisse, le Commissaire aura soin de s'en faire donner un état par les Collecteurs, Sindic & autres principaux Habitans, & pour lors il fera donner un avertissement à ses Particuliers de donner leur déclaration, pour pouvoir les imposer à proportion de la quantité & qualité des Terres ou Biens qu'ils feront valoir, & sur le pied du Tarif commun; en suposant néanmoins qu'ils n'ayent point fait leurs déclarations comme ils entendent être imposez dans la Communauté de leur domicile, & pareil avertissement dans cette derniére Communauté pour y être effectivement imposez; en ce cas il faut les obliger à justifier de ces deux déclarations, & des Impositions qu'ils ont eu en conséquence, sinon les taxer comme il est dit cy-dessus.

XLIX. *Taxe de ceux qui exploitent sur des Communautés voisines.*

Il en est de même des Habitans qui labourent ou prennent des marchez sur les Communautez voisines, il faut les obliger à en donner leur déclaration detaillée, même à représenter leurs Baux, & s'ils pretendent être imposez dans les Communantez où les Biens sont situez, il faut qu'ils justifient de semblables déclarations, & de l'Imposition qui leur a été donnée en conséquence dans ces Communautez étrangeres. Même observation pour ceux qui possédent des Biens propres dans les Paroisses voisines, ils doivent être imposez dans le lieu de leur domicil, à moins qu'ils ne justifient comme ils le sont dans les Communautez où ces Biens sont situez, & des significations qu'ils ont faites en conséquence.

L. *Taxe des Propriétaires sur des Paroisses voisines.*

LI. *Observations à faire sur le Rolle fictif joint à la présente Instruction.*

Pour rendre ces principes & observations plus sensibles aux Commissaires, Nous avons pris le party de joindre à la présente Instruction le relevé de quelques Cottes de differentes especes de Tailles dans l'esprit du Conseil. Ce Modele de Rolle fictif ne doit servir que d'exemple pour la forme, & non pour les differens Tarifs qui doivent absolument dépendre, (comme il a été cy-dessus expliqué) de la bonté & qualité des Terres, Bestiaux, Commerce & Industrie, & des resources de la Communauté, puisque suivant sa situation, les Journaliers ou Artisans peuvent plus ou moins gagner, les Bestiaux plus ou moins produire à leur Maître, les fonds de Terres être plus ou moins chers, & par conséquent d'un raport plus ou moins fort, les Maisons être plus ou moins loüées; enfin tous les Biens avoir une valeur & un revenu différent. Ce Modele doit simplement faire juger de l'exactitude que demande le Conseil.

LII. *Nécessité indispensable de suivre le Modele quant à la forme.*

Nous convenons de l'étenduë & de la difficulté de l'opération, mais Nous pensons qu'avec de l'exactitude & de l'intelligence, non seulement elle ne sera absolument pas impraticable, mais même qu'elle paroîtra facile aux Commissaires laborieux. Au reste, Nous observerons que quoy que notre intention ne soit point de donner cette ébauche comme un modele invariable & dans sa perfection, néanmoins comme Nous nous sommes assujetis aux principes & aux régles que le Conseil nous a prescrit, les Commissaires nommés, pour travailler dans les differentes Paroisses que Nous leur avons assignées, ne doivent point absolument s'écarter de la forme & du plan que Nous leur proposons pour modele sans Nous en rendre compte auparavant, & Nous faire part des difficultés & contredits qui se trouveront dans le détail de leur travail. Nous reconnoissons qu'il peut y avoir, comme dans tous les établissemens nouveaux, quelques objections solides, & qui par la suite pourront peut-être mériter l'attention du Conseil, qui ne dédaignera pas les réflexions que Nous nous chargeons de lui faire passer. Nous exhortons même les Elections ou Commissaires à Nous en donner des Memoires détaillés. Mais quant à present, les Comissaires doivent suivre scrupuleusement la forme du dernier plan dont Nous venons de leur faire part.

LIII. *Avantages d'un Registre & exhortation au Commissaire de se prêter à ce travail.*

Si le Commissaire en procédant au détail de toutes les especes de Biens & Terres de la Communauté, étoit assez zelé pour en former un Registre ou Cadastre de proportion dans lequel il prescriroit les facultez de chaque Contribuable, avec des marges ou des blancs suffisans pour y substituer pendant un certain nombre d'années les changemens, ou nouveaux établissemens qui pourroient y survenir, Nous osons luy promettre de la part du Conseil (outre la gratification que M. le Controlleur général a réglé pour le simple travail du Rolle qui aura été approuvé) une récompense proportionnée à son zele & à ce travail particulier; ce Registre seroit non seulement d'une grande utilité pour reconnoitre la force de la Paroisse, mais il abregeroit beaucoup par la suite, les Rolles des Tailles, où il ne seroit plus nécessaire de rappeller chaque partie de Terre par tenans & aboutissans ny par canton. Ce Registre seroit placé dans un dépost public, pour y avoir recours lorsqu'il surviendroit quelque difficulté sur l'Imposition. Nous ne proposons pas néanmoins au Commissaire la tenuë de ce Registre, comme un travail d'une nécessité indispensable, mais simplement comme un ouvrage util, & que plusieurs de Mrs. les Intendans ont engagé de faire dans leur Province; mais en ce cas il faudra observer de n'y inscrire que les déclarations détaillées piece par piece, & par tenans & aboutissans, après qu'elles auront été verifiées dans l'assemblée générale.

LIV. *Nécessité de conserver & mettre en régle les déclarations des Habitans.*

Nous finirons la présente Instruction par éxiger du Commissaire qu'il conserve éxactement, & même qu'il mette dans une espece d'ordre toutes les déclarations des Habitans pour y avoir recours les années suivantes, suposé qu'on soit obligé de retoucher au travail qu'il sera difficile d'établir une premiére année dans toute sa perfection.

LV. *Dépost de la copie du Rolle entre les mains du Sindic.*

Lorsque le Rolle sera ainsi fait & vérifié, il faudra obliger le Collecteur d'en déposer le double entre les mains du Sindic, sur papier simple, lequel de sa part sera assujeti de le donner en communication sans déplacer, aux Taillables, toutes les fois qu'ils le jugeront à propos, afin que chaque particulier puisse sçavoir quels sont les Biens pour lesquels il est taxé, & reconnoître, & donner avis des erreurs qui auroient pu se glisser, soit par rapport à lui, soit par raport aux autres; Nous réservant au surplus d'accorder au Collecteur les petits dédommagemens que les Commissaires estimeront convenables, tant pour ces differentes copies, que pour les peines & voyages extraordinaires qu'il aura été obligé de faire, le tout néanmoins eu égard aux frais ordinaires ausquels il est assujeti, & pour lesquels il a déja les taxations accoûtumées.

LVI. *Remboursement des frais extraordinaires au Collecteur.*

S'il se présente quelques difficultez que Nous aïons obmis de prévoir, ou que certains Articles de cette Instruction laissent aux Commissaires quelque obscurité, Nous nous ferons un plaisir de les éclaircir, & de rendre cette opération si sensible, qu'ils puissent travailler sur des principes invariables, & dont le public sente la justice & l'utilité.

MODELE

MODELE DE ROLLE.

TAILLE de 1739.

ELECTION de

PAROISSE de

ROLLE ET REPARTITION

de la Taille Imposée sur la Paroisse de Election de pour l'année 1739. montant à la somme de Huit cent soixante-cinq livres douze sols dix deniers.

SÇAVOIR;

	l.	s.	d.
POUR le principal de la Taille, la somme de Huit cens trente livres, cy	830.		
Pour les Usages, Sept livres dix-huit sols, cy . .	7.	18.	
Pour les six deniers pour livre attribuez aux Collecteurs, Vingt livres dix-huit sols dix deniers, cy . .	20.	18.	10.
Pour les Droits des quatre Quittances attribuez au Receveur, Deux livres, cy	2.		
Pour le Sceau du présent Rolle, Quatre livres seize sols, cy . .	4.	16.	
	865.	12.	10.

A la répartition de laquelle somme de Huit cens soixante-cinq livres douze sols dix deniers, Nous , Commissaire nommé par Monseigneur l'Intendant, pour travailler à l'établissement de la Taille tarifée, en vertu des ordres du Conseil, avons en présence de Asséeurs & Collecteurs de ladite Paroisse, & des principaux Habitans, procédé suivant l'estimation & Tarif cy-après.

Nota. Le Commissaire ne prendra ce Rolle que pour lui servir simplement de modele pour la forme, sans s'assujetir aux fixations des estimations, ni au Taux du sol ou deux sols pour livre qui y ont été observés, & qui doivent être plus ou moins forts, suivant la qualité des Terres ou autre nature de Biens, suivant que les journées des Artisans seront plus ou moins payées dans la Communauté, suivant que le produit des Bestiaux sera plus ou moins considérable, eu égard à la facilité du débit, enfin suivant l'Imposition de la Paroisse.

Principes sur lesquels on a tiré le Tarif des Biens-fonds.

POUR le fixer, on à fait l'estimation de chaque Bien-fond, & on en à tiré les deux sols pour livre du revenu pour les Propriétaires exploitans, & le sol pour livre pour les simples Locataires.

TARIF DES MAISONS.

LA Maison occupée par le Propriétaire, payera le dixième ou les deux sols pour livre de l'estimation; sçavoir, un sol comme Propriétaire, & l'autre sol comme simple Locataire.

Par la même raison, la Maison qui appartiendra à un Propriétaire Taillable, & qui la louëra à un autre Taillable, payera aussi deux sols pour livre; sçavoir, un sol par le Propriétaire, & un sol par le Locataire.

Nota Le Commissaire fera déduction sur la partie de la Taxe de la Propriété du 5e. de l'estimation pour raison des réparations.

D.

TARIF DES TERRES OU AUTRES BIENS-FONDS, Exploités par les Propriétaires.

La mesure de la Paroisse est l'Arpent de Terre qui contient, &c.

LES Terres ou autres Biens-fonds, exploités par les Propriétaires, payeront les deux sols pour livre de l'estimation ; sçavoir, un sol pour la propriété, & un sol pour l'exploitation.

	l.	s.
L'Arpent de bonnes Terres estimé 300. liv. payera Trente sols, cy.	1.	10.
Celui de médiocres estimé 200. liv. payera Vingt sols, cy . .	1.	
Et celui de mauvaises estimé 100. liv. payera Dix sols, cy . .		10.
L'Arpent de bas Prez estimé 350. payera Trente-cinq sols, cy .	1.	15.
Et celui de hauts Prez estimé 250. liv. payera Vingt-cinq sols, cy.	1.	5.
L'Arpent de Vignes estimé 400. liv. payera Deux livres, cy . .	2.	
L'Arpent de Bois taillis estimé 300. liv. payera Trente sols, cy .	1.	10.
L'Arpent d'Ozeraye estimé 400. liv. payera Deux livres, cy . .	2.	
L'Arpent de Chènevière estimé 350. liv. payera Trente-cinq sols, cy	1.	15.

TARIF DES TERRES OU BIENS-FONDS donnés à loyer.

LES Biens-fonds donnés à loyer ne payeront que le sol pour livre, & en cas qu'ils appartiennent à des Taillables Habitans de la Communauté (ou à des Communautés voisines, en cas qu'ils n'ayent point satisfait aux Reglemens,) le Propriétaire payera un autre sol, & le Locataire un sol.

TARIF DES RENTES.

LES Particuliers qui reçoivent des Rentes, payeront les deux sols pour livre desdites Rentes.

TARIF DES DIXMES ET DROITS SEIGNEURIAUX affermez.

LES Dixmes porteront les dix-huit deniers pour livre du prix du Bail ; de même les Receveurs Taillables qui auront affermés des Droits Seigneuriaux.

OBSERVATION.

Le Manouvrier qui a du Bien en propre qu'il fait valoir, payera les deux sols pour livre de même que le Laboureur Propriétaire, encore qu'il soit obligé de le faire cultiver, attendu qu'il n'est pas chargé de la nourriture & entretien des Chevaux les jours de Fêtes.

Celui qui prendra quelque Exploitation, payera aussi de même que le Laboureur Locataire par la même raison.

PRINCIPES SUR LESQUELS ONT ESTÉ FIXÉS les Tarifs de chaque nature de Commerce, Vacation, Industrie & Bestiaux.

TARIF DU COMMERCE.

POUR fixer le Tarif du Commerce, on a estimé le profit que le Commerçant peut faire, & on en a tiré le sol pour livre pour règle de son Imposition, en sorte que le Commerçant qui peut gagner 500. liv. par an, payera Vingt-cinq livres, & ainsi du reste dans la même proportion.

TARIF DES ARTISANS ET MANOUVRIERS.

LES journées du travail de l'Artisan & Manouvrier ont été appréciées à 200. liv. par an, & on s'est fixé au sol pour livre de leur gain, ou pour simplifier, à dix journées par an pour règle de leur Imposition.

	l.	f.	d.
Le Bourlier, depuis l'âge de 25. ans jufqu'à 50. qui peut gagner 15. fols par jour, au fol pour livre ou dix journées, payera Sept livres dix fols, cy	7.	10.	
Celui infirme ou de l'âge de 50. ans & au-deffus, qui peut gagner 10. fols par jour, payera Cinq livres, cy	5.		
Le Cabaretier à bouchon qui peut gagner 60. livres par an, payera Trois livres, cy	3.		

Si ce Cabaretier fait outre fon cabaret quelque autre chofe, il fera traité fuivant fon Commerce ou Vacation, dans la proportion du gain qu'il y pourra faire.

	l.	f.	d.
Le Manouvrier feul avec fa femme, depuis l'âge de 25. ans jufqu'à 50. qui peut être occupé 200. jours par an à 10. fols par jour, payera le fol pour livre ou dix jours, partant Cinq livres, cy	5.		
Le Manouvrier infirme ou de l'âge de 50. ans & au-deffus, qui peut gagner 50. liv. par an, payera Cinquante fols, cy	2.	10.	
*.La Veuve Manouvrière depuis l'âge de 25. ans jufqu'à 40. qui peut gagner 50. liv. par an, payera Cinquante fols, cy	2.	10.	
Celle infirme ou de l'âge de 40. ans & au-deffus, qui peut gagner 20. liv. par an, payera Vingt fols, cy	1.		

§ Pour qualifier un Particulier de Laboureur & l'exemter de Cotte d'Induftrie, il a été convenu entre les Habitans qu'il falloit exploiter Vingt-cinq Arpens à la roye.

Le Laboureur de demie charuë, qui outre fon labourage, fait quelque autre chofe, comme d'être Cocaffier, Bateur en Grange, payera moitié de l'Induftrie de l'Artifan ou Manouvrier, fuivant fa Vacation, en fe conformant aux diftinctions d'âge cy-deffus obfervées.

On obfervera en outre de faire déduction d'un tiers fur la Cotte d'Induftrie de l'Artifan, Manouvrier ou Laboureur de demie charuë veuf, attendu qu'il n'a point le fecours de fa femme pour l'aider; mais s'il a une fille en état de le fervir, en ce cas, il n'y aura nulle déduction.

Nota. Toutes les Profeflions doivent être eftimées de même, à proportion du gain que chaque efpèce d'Artifan peut faire.

Nota. Si ces Manouvriers ont avec eux des enfans de 16. ans & au-deffus, qui gagnent leur vie, le Commiffaire doit eftimer pareillement leurs journées, mais modérément, & augmenter d'autant la Cotte des Pères & Mères.

* Même obfervation pour les Veuves qui ont avec elles des enfans de l'âge cy-deffus.

§ *Nota.* Le Commiffaire ne doit point fuivre pour règle invariable cette quantité d'Arpens, elle doit dépendre de la qualité des Terres, fuivant la difficulté de l'exploitation, & de la convention des Habitans.

TARIF DES BESTIAUX TANT EN PROPRE *qu'à loyer fans diftinction.*

	f.	d.
Le Cheval payera Dix fols, cy	10.	
Le Poulain au-deffus de deux ans, Quatre fols, cy	4.	
Le Mulet, Cinq fols, cy	5.	
Le Taureau, Six fols, cy	6.	
Le Bœuf labourant, Six fols, cy	6.	
Le Bouvillon de deux ans, Deux fols, cy	2.	
La Vache, Huit fols, cy	8.	
La Geniffe au-deffus de deux ans, Deux fols, cy	2.	
Le Cochon, Cinq fols, cy	5.	
La Bête Afine, Quatre fols, cy	4.	
La Brebis ou le Mouton, Un fol fix deniers, cy	1.	6.
La Chèvre, Un fol, cy	1.	
La Ruche à miel, Deux fols, cy	2.	

Le produit de la Baffe-cour fera tiré au fol pour livre de l'eftimation.

EXEMTS.

MR. Seigneur, Gentilhomme.
Mr. le Curé.

MANDIANS.

Nicolas Jacquet, ... Néant.

HABITANS CONTRIBUABLES.

ARTICLE PREMIER. Modele de Cotte d'un Admodiateur général qui sous-loüe & fait valoir par ses mains. *Voyez l'Art. XLI. de l'Instruction.*

ALexis Aubert, Admodiateur général de la Seigneurie de . . . . Cotté à Cent vingt livres six sols six deniers.

SÇAVOIR.

BIENS propres qu'il fait valoir par ses mains dans la Paroisse de son domicile.

	l.	f.	d.
Pour une Maison en propre qu'il occupe, contenant . . . . travées, avec Ecuries, Grange & Jardin potager, estimé le tout pouvoir être loüé 50. liv. sur quoi sera déduit le cinquiéme sur la propriété, pour les réparations montant à 5. liv. partant elle ne sera tirée que pour 45. liv. Cottée à Quatre livres dix sols, cy . .	4.	10.	
Pour Huit Arpens de bonnes Terres, estimées 300. liv. l'Arpent, situées au Finage dit . . . tenant d'un bout à . . . & d'autre à . . . tirés pour Douze livres, cy	12.		
Pour Six Arpens de Terres médiocres, estimées 200. liv. l'Arpent, situées au Finage dit . . tenant d'un bout à . . . & d'autre à . . . tirés pour Six livres, cy	6.		
Pour Six Arpens de Terres mauvaises, estimées 100. liv. l'Arpent, situées au Finage dit . . tenant d'un bout à . . & d'autre à . . . tirés pour Trois livres, cy	3.		

Pour l'Admodiation générale de ladite Seigneurie de . . . dont il rend 1700. liv. sous-loüant à differens Particuliers pour 500. liv. & faisant valoir par ses mains pour 1200. liv.

SÇAVOIR.

BIENS sous-loués, situés au Terroir dudit lieu.

	l.	f.	d.
Pour Vingt Arpens de bonnes Terres, situées au Finage dit . . tenant d'un bout à . . . & d'autre à . . . qu'il sous-loüe à . . . suivant le Bail passé le . . . . devant Notaire, moyennant 300. liv. tirés à raison du centiéme, pour Trois livres, cy	3.		
Pour Douze Arpens de bas Prez, situés au Finage dit . . . . tenant d'un bout à . . . & d'autre à . . . qu'il sous-loüe pareillement, suivant le Bail passé le . . . devant Notaire, moyennant 200. liv. tiré à raison du centiéme, pour Deux livres, cy	2.		

BIENS dépendans de ladite Admodiation qu'il fait valoir par ses mains, sur le même terroir;

SÇAVOIR.

	l.	f.	d.
Pour Cinquante Arpens de Terres médiocres, estimées 200. liv. l'Arpent, situées au Finage dit . . . tenant d'un bout à . . . & d'autre à . . . tirés pour Vingt cinq livres, cy	25.		
Pour Quarante Arpens de Terres mauvaises, estimées 100. livres l'Arpent, situées au Finage dit . . . . d'un bout à . . . . & d'autre à . . . tirés pour Dix livres, cy	10.		
Pour un Etang estimé pouvoir produire année commune 180. liv. de revenu, tiré pour Neuf livres, cy	9.		
	74.	10.	

	l.	f.	d.
Cy-contre	74.	10.	
Pour Deux Arpens de bas Prez, estimés 350. liv. l'Arpent, situés au Finage dit . . . tenant d'un bout à . . . . & d'autre à . . . tirés pour Trente-cinq sols, cy . . .	1.	15.	
Pour Trois Arpens de hauts Prez, estimés 250. liv. l'Arpent, tirés pour Trente-sept sols six deniers, cy	1.	17.	6.
Pour Quatre Arpens de Vignes, estimées 400. liv. l'Arpent, situées au Finage dit . . . tenant d'un bout à . . & d'autre à . . . tirés pour Quatre livres, cy	4.		
Pour Dix Arpens de Bois-Taillis, estimés 300. liv. l'Arpent, situés au Finage dit . . . tenant d'une part à . . . . & d'autre à . . . tirés pour Sept livres dix sols, cy	7.	10.	
Pour Huit Chevaux, Quatre livres, cy	4.		
Pour Quatre Bœufs labourans, Vingt-quatre sols, cy . .	1.	4.	
Pour Cent Bêtes à laine, Sept livres dix sols, cy . . .	7.	10.	
	102.	6.	6.
Et sur ce qui Nous a été répresenté que le présent Contribuable possede douze Arpens de bonnes Terres, au lieu de huit qu'il a déclaré, il sera compris au présent Rolle pour lesdits quatre Arpens, pour Six livres, cy	6.		
Et pour punition de sa fausse déclaration, Douze livres, cy . .	12.		
Total.	120.	6.	6.

II. Modele de Cotte d'un Laboureur de deux Charuës, tant en propre, qu'à loyer. *Voyez l'Art. XXVI. de l'Instruction.*

ANtoine Payen Laboureur de deux Charuës, Cotté à Cent quarante-sept livres six sols.

SÇAVOIR.

BIENS propres qu'il fait valoir par ses mains, dans la Paroisse de son domicile.

	l.	f.	d.
Pour une Maison contenant environ . . travées, une grande Basse-cour, Ecuries, Greniers & un Jardin joignant, de la consistance de trois Arpens, moitié potager & moitié arbres fruitiers, estimé le tout pouvoir être loüé 75. liv. sur quoi sera déduit le cinquiéme de la propriété pour les réparations, montant à 7. liv. 10. sols, partant elle sera seulement portée à 67. liv. 10. sols, tirée pour Six livres quinze sols, cy	6.	15.	
Pour un Colombier ou Volet, estimé produire 10. livres par an, sur quoi sera déduit le cinquiéme de la propriété montant à une livre, partant sera seulement porté à 9. livres, tiré pour dix-huit sols, cy		18.	
Pour vingt Arpens de bonnes Terres, estimées 300. liv. l'Arpent, situées au Finage dit . . tenant d'un bout à . . & d'autre à . . tirés pour Trente livres, cy . .	30.		
Pour Vingt Arpens de Terres médiocres, estimées 200. liv. l'Arpent, situées au Finage dit . . . tenant d'un bout à . . . & d'autre à . . . . tirés pour Vingt livres, cy	20.		
Pour Quinze Arpens de mauvaises Terres, estimées 100. livres l'Arpent, situées au Finage dit . . . tenant d'un bout à . . . & d'autre à . . . . tirés pour Sept livres dix sols, cy	7.	10.	
Pour Quatre Arpens de bas Prez, estimés 350. liv. l'Arpent, situés au Finage dit . . tenant d'un bout à . . . & d'autre à . . . tirés pour Sept livres, cy . .	7.		
Pour Quatre Arpens de Bois-Taillis, estimés 300 liv. l'Arpent, situés au Canton dit . . . . tenant d'un bout à . . & d'autre à . . . . tirés pour Six livres, cy . .	6.		
Pour Huit Arpens d'Ozerayes, estimés 400. liv. l'Arpent, situés au Canton dit , . . tenant d'un bout à . . . & d'autre à . . . . tirés pour Seize livres, cy . .	16.		
Pour Deux Arpens de Chènevières, estimées 350. liv. l'Arpent,			
	94.	3.	

	l.	ſ.	d.
D'autre part.	94	3.	
ſituées au Finage dit . . . tenant d'un bout à . . . & d'autre à . . tirés pour Trois livres dix ſols, cy . . .	3.	10.	
BIENS qu'il tient à loyer dans la Paroiſſe de ſon domicile.			
Pour une Ferme qu'il tient de Pierre Silveſtre Habitant de . . . . . dont il rend . . . . conſiſtant			
SÇAVOIR,			
Vingt Arpens de bonnes Terres, eſtimées 300. liv. l'Arpent, ſituées au Finage dit . . . tenant d'un bout à . . . & d'autre à . . . tirés pour Quinze livres, cy. . .	15.		
Dix Arpens de Terres médiocres, eſtimées 200. liv. l'Arpent, ſituées au Finage dit . . . tenant d'un bout à . . & d'autre à . . . tirés pour Cinq livres, cy. . .	5.		
Vingt Arpens de Terres mauvaiſes eſtimées 100. liv. l'Arpent, ſituées au Finage dit . . tenant d'un bout à. . . & d'autre à . . . tirés pour Cinq livres, cy. . .	5.		
Quatre Arpens de hauts Prez eſtimés 250. liv. ſitués au Finage dit . . . tenant d'un bout à . . . & d'autre à . . . tirés pour Cinquante ſols, cy. . . .	2.	10.	
Deux Arpens d'Ozerayes eſtimés 400. liv. l'Arpent, ſitués au Finage dit . . . tenant d'un bout à . . . & d'autre à . . . tirés pour Deux livres, cy. . . .	2.		
Deux Arpens de Chênevières, eſtimées 350. liv. l'Arpent ſituées au Finage dit . . . tenant d'un bout à . . . & d'autre à . . . tirés pour Trente-cinq ſols, cy. . .	1.	15.	
Pour une autre Ferme appartenante à Jacques Lançon dudit lieu, dont il rend . . . conſiſtante.			
SÇAVOIR,			
Quinze Arpens de bonnes Terres eſtimées 300. liv. l'Arpent, ſituées au Finage dit . . . tenant d'un bout à . . & d'autre à . . . tirés pour Onze liv. cinq ſols, cy . .	11.	5.	
Huit Arpens de Terres médiocres eſtimées 200. liv. l'Arpent ſituées au Finage dit . . . tenant d'un bout à . . & d'autre à . . . tirés pour Quatre livres, cy . .	4.		
Deux Arpens de mauvaiſes Terres eſtimées 100. liv. l'Arpent, ſituées au Finage dit . . . tenant d'un bout à . . & d'autre à . . . tirés pour Dix ſols, cy . . .		10.	
Pour douze Chevaux, Six livres, cy	6.		
Pour quatre Poulains au-deſſus de deux ans, Seize ſols, cy . .		16.	
Pour dix Vaches, Quatre livres, cy	4.		
Pour cinq Geniſſes au-deſſus de deux ans, Dix ſols, cy . . .		10.	
Pour un Taureau, Six ſols, cy		6.	
Pour quatre Porcs, Vingt ſols, cy . . .	1.		
Pour un Ane, Quatre ſols, cy		4.	
Pour cinquante Brébis, Trois livres quinze ſols, cy . . .	3.	15.	
Pour ſix Ruches à miel, Douze ſols, cy		12.	
Pour le produit de la Baſſe-cour en Volailles, eſtimé 10. livres, tiré pour Dix ſols, cy		10.	
	162.	6.	

Modele de traitement de celui qui doit plus ſur ſon Bien qu'il ne vaut. *Voyez les Articles XXXVII. & XXXVIII. de l'Inſtruction.*

	l.	ſ.	d.
Et attendu que les vingt Arpens mentionnés au premier Article des Terres de la Cotte de propriété dudit Payen ſont chargez d'une Rente de 350. liv. ſuivant le Contrat de Conſtitution qu'il en a repréſenté, lui a été fait déduction de la ſomme de quinze livres, au lieu de 17. liv. 10. ſols, attendu que leſdits 20. Arpens au ſol pour livre de leur eſtimation pour la propriété, ne doivent payer que 15. liv. d'Impoſition, partant la préſente Cotte n'aura lieu que pour Cent quarante-ſept livres ſix ſols, cy	147.	6.	

ANtoine Viriot, Laboureur d'une Charuë en propre, Cotté à Quatre-vingt sept livres sept sols.

III. Modele de Cotte d'un Laboureur d'une Charuë en propre. *Voyez l'Art. XXVI. de l'Instruction.*

SÇAVOIR;

BIENS propres qu'il fait valoir par ses mains dans la Paroisse de son domicile.

Pour la Maison qu'il habite, contenant . . . travées, Ecuries, Grenier, Grange, Pressoir avec un Jardin potager, le tout estimé pouvoir être loüé 75. liv. par an, sur quoi sera déduit le cinquiéme pour les réparations montant à 7. liv. 10. sols, partant elle sera seulement portée pour 67. livres 10. sols, tirée pour Six livres quinze sols, cy	6.	15.
Pour vingt Arpens de bonnes Terres, estimées 300. liv. l'Arpent, situées au Finage dit . . tenant d'un bout à . . . & d'autre à . . . tirés pour Trente livres, cy	30.	
Pour Trente Arpens de Terres médiocres, estimées 200. livres l'Arpent, situées au Finage dit . . . tenant d'un bout à . . . & d'autre à . . tirés pour Trente livres, cy	30.	
Pour dix Arpens de mauvaises Terres, estimées 100. livres l'Arpent, situées au Finage dit . . . tenant d'un bout à . . . & d'autre à . . tirés pour Cinq livres, cy	5.	

Pour Quinze Arpens de Terres situées au Terroir de la Paroisse de . . qu'il fait valoir par ses mains.

SÇAVOIR;

Dix Arpens de bonnes Terres estimées 300. liv. l'Arpent, situées au Finage dit . . . tenant d'un bout à . . . & d'autre à . . tirés pour Quinze livres, cy	15.	
Deux Arpens de Terres médiocres, estimées 200. liv. l'Arpent, situées au Finage dit . . . tenant d'un bout à . . . & d'autre à . . tirés pour Deux livres, cy . .	2.	
Trois Arpens de Terres mauvaises, estimées 100. liv. l'Arpent, situées au Finage dit . . . tenant d'un bout à . . . & d'autre à . . . tirés pour Trente sols, cy . .	1.	10.
Pour deux Chevaux, Vingt sols, cy . . .	1.	
Pour quatre Bœufs labourans, Vingt-quatre sols, cy . .	1.	4.
Pour six Vaches, Quarante-huit sols, cy . . .	2.	8.
Total.	94.	17.

Le présent Contribuable Nous a justifié devoir la somme de 3000. liv. hypotequée sur tous ses Biens, suivant les Contrats qu'il Nous en a représenté, l'un passé devant Notaire à Chaalons le . . . l'autre à . . . le . . , . pour raison de quoi & après l'affirmation par lui faite, qu'il n'y a aucune contre-lettre de la part de ses Créanciers, Nous lui avons fait déduction de la somme de Sept livres dix sols pour raison de la propriété seulement, partant la présente Cotte n'aura lieu que pour Quatre-vingt-sept livres sept sols, cy . . . 87. 7.

Modele de déduction à faire pour une hypotèque générale sur tous les Biens. *Voyez les Articles XXXVII. & XXXVIII. de l'Instruction.*

BEnoît Laurent, Laboureur d'une Charuë, veuf, Cotté à Cinquante-trois livres dix-huit sols.

IV. Modele de Cotte d'un Laboureur d'une Charuë sur autrui. *Voyez l'Ar. XXVI. de l'Instruction.*

SÇAVOIR;

Pour une Maison en propre qu'il occupe, consistante en . . . travées, Grange, Ecuries & Jardin potager, estimé le tout pouvoir être loüé 60. liv. sur quoi sera déduit le cinquiéme sur la propriété montant à 6. liv. pour les réparations, partant elle ne sera portée que pour 54. liv. tirée pour Cinq livres huit sols, cy . . . 5. 8.

l. s. d.

D'autre part. . . . . 5. 8.

Pour une autre Maiſon en propre, qu'il loué à Charles Bouard, contenant . . travées avec Ecurie, Grange & Accin, moyennant Quarante-cinq livres par an, ſur quoi ſera déduit le cinquiéme ſur la propriété montant à 8. livres, partant elle ſera ſeulement portée pour 32. liv. tirée pour Trente-deux ſols, cy . . 1. 12.

BIENS qu'il tient à loyer, ſitués dans la Paroiſſe de ſon domicile.

Pour Une Ferme qu'il tient de Pierre Camus de . . . pour le prix de . . . par Bail du . . . paſſé à . . . . conſiſtante, ...

SÇAVOIR;

En Trente Arpens de bonnes Terres, eſtimées 300. liv. l'Arpent, ſituées au Finage dit . . . tenant d'un bout à . . . & d'autre à . . tirés pour Vingt-deux livres dix ſols, cy . . 22. 10.

Trente Arpens de Terres médiocres, eſtimées 200. liv. l'Arpent, ſituées au Finage dit . . . tenant d'un bout à . . . & d'autre à . . . tirés pour Quinze livres, cy . , 15.

Cinq Arpens de Terres mauvaiſes, eſtimées 100. liv. l'Arpent, ſituées au Finages dit . . . tenant d'un bout à . . . & d'autre à . . tirés pour Vingt-cinq ſols, cy . . 1. 5.

Modele de Taxe de Biens de Mineurs, exploités par les Peres & Meres, Parens & Tuteurs. *Voyez l'Art. XLV. de l'Inſtruction.*

Pour Dix Arpens de Terres, Terroir dudit lieu, appartenans à ſes enfans Mineurs & qu'il fait valoir, pourquoi Nous les avons régardés comme bien de loyer,

SÇAVOIR;

Six Arpens de bonnes Terres, eſtimées 300. liv. l'Arpent, ſituées au Finage dit . . . tenant d'un bout à . . . & d'autre à . . . tirés pour Quatre livres dix ſols, cy . . . 4. 10.

Trois Arpens de Terres médiocres, eſtimées 200. liv. l'Arpent, ſituées au Finage dit . . . tenant d'un bout à . . . & d'autre à . . . tirés pour Trente ſols, cy . . . 1. 10.

Un Arpent de Terres mauvaiſes, eſtimées 100. liv. ſituées au Finage dit . . . tenant d'un bout à . . . & d'autre à . . . tiré pour Cinq ſols, cy . . . . 5.

Pour trois Chevaux, Trente ſols, cy . . . . 1. 10.

Pour une Vache, Huit ſols, cy . . . . 8.

Total. . . . . . 53. 18.

V. *Voyez l'Art. XLV. de l'Inſtruction.*

LEs enfans Mineurs dudit Laurent, Cottés à Six livres cinq ſols, pour la proprieté des Terres cy-devant portées à l'Article 4. cy . . . 6. 5.

VI. Modele de Cotte d'un Laboureur d'une demie Charuë, & faiſant un autre Métier en même tems. *Voyez l'Art. XXV. de l'Inſtruction.*

CHarles Droüart, Laboureur d'une demie Charuë, & Voiturier à Paris, Cotté à Cinquante-ſix livres ſix ſols,

SÇAVOIR;

Pour la Maiſon qu'il habite, conſiſtante en . . . travées avec Grange, Ecurie & un petit Jardin potager qu'il tient de Benoît Laurent Cotté à l'Article 4. du préſent Rolle, pour la proprieté de ladite Maiſon qu'il loué 40. liv. par an, tirée pour Deux livres, cy. . . . . 2.

BIENS propres qu'il fait valoir par ſes mains dans la Paroiſſe de ſon domicile.

Pour Dix Arpens de bonnes Terres, eſtimées 300. l'Arpent, ſituées au Canton dit . . . tenant d'un bout à . . & d'autre à . . . . tirés pour Quinze livres, cy . . . 15.

Pour Vingt-deux Arpens de Terres médiocres, eſtimées 200. liv.

17.

	l.	f.	d.
Cy-contre.	17.		
l'Arpent, situées au Finage dit . . tenant d'un bout à . . d'autre à . . tirés pour Vingt-deux livres, cy	22.		
Pour Treize Arpens de Terres mauvaises. estimées 100. liv. l'Arpent, situées au Finage dit . . . tenant d'un bout à . . . & d'autre à . . . tirés pour Six livres dix sols, cy	6.	10.	
Pour son Industrie comme Voiturier, pour raison de quoi il peu être occupé 100. jours & gagner par jour 30. sols, ce qui fait 150. liv. par an, tirée pour Sept livres dix sols, cy . .	7.	10.	
Pour Cinq Chevaux, Cinquante sols, cy . . .	2.	10.	
Pour deux Vaches, Seize sols, cy . . .		16.	
Total.	56.	6.	

VII. Modele d'une Cotte d'un Contribuable faisant valoir son Bien; mais le faisant labourer par autrui. *Voyez les Articles XI. XIII. & XVI. de l'Instruction.*

CHristophe Billau Meunier, Cotté à Cinquante-quatre livres dix-neuf sols;

SÇAVOIR;

	l.	f.	d.
Pour son Moulin qu'il fait valoir par ses mains, estimé pouvoir produire 150. de revenu par an, sur quoi sera déduit le cinquiéme de la propriété pour les réparations montant à 15. liv. partant il ne sera porté que pour 135. liv. tiré pour Treize livres dix sols, cy . .	13.	10.	

BIENS propres situés dans la Paroisse de son domicile, qu'il fait labourer par autrui, & dont il fait la Recolte.

SÇAVOIR;

	l.	f.	d.
Pour Douze Arpens de bonnes Terres, estimées 300. liv. l'Arpent, situées au Finage dit . . . tenant d'un bout à . . . & d'autre à . . tirés pour Dix-huit livres, cy . .	18.		
Pour Huit Arpens de Terres médiocres, estimées 200. liv. l'Arpent, situées au Finage dit . . . tenant d'un bout à . . . & d'autre à . . . tirés pour Huit livres, cy . . .	8.		
Pour Dix Arpens de Terres mauvaises, estimées 100. liv. l'Arpent, situées au Finage dit . . . tenant d'un bout à . . . & d'autre à . . . tirés pour Cinq livres, cy . .	5.		
Pour son Industrie comme Meunier, dans laquelle Profession il peut être occupé 300. jours par an, à 10. sols par jour, ce qui fait 150. liv. tiré pour Sept livres dix sols, cy . . .	7.	10.	
Pour deux Mulets, Dix sols, cy		10.	
Pour un Ane, Quatre sols, cy		4.	
Pour six Cochons, Trente sols; cy . . .	1.	10.	
Pour le produit de ses Volailles, estimé Quinze livres, tirés pour Quinze sols, cy		15.	
Total.	54.	19.	

VIII. Modele d'une Cotte de la Fermière d'un Usine. *Voyez les Artitles XI. XIII. & XVI. de l'Instruction.*

ELisabeth Hemard, veuve de Payen, Fermiere d'une Tuillerie, Cottée à Douze livres.

SÇAVOIR;

	l.	f.	d.
Pour une Thuillerie qu'elle tient de . . Bourgeois de Chaalons, & dans laquelle elle loge, moyennant 100. liv. par an, tirée pour Cinq livres, cy	5.		
Pour son Industrie de Thuillerie, dans laquelle Profession elle peut être occupée 200. jours à 10. sols par jour, ce qui fait 100. liv. tiré pour Cinq livres, cy . . .	5.		
Pour quatre Chevaux, à Quarante sols, cy . . .	2.		
Total.	12.		

IX. Modele de Cotte d'un Commerçant. *Voyez l'Art. XL. de l'Instruction.*

ESTIENNE le Riche Epicier, Cotté à Cinquante sept livres dix sols.

SÇAVOIR;

	l.	s.	d.
Pour une Maison en propre qu'il occupe, consistant en . . . travées, avec Grenier, Cave & Jardin, estimée pouvoir être loüée 50. liv. sur quoi sera déduit le cinquiéme, sur la propriété pour les réparations montant à 5. liv. partant elle ne sera portée qu'à 45. livres, tirée pour Quatre livres dix sols, cy . . .	4.	10,	
Pour Quatre Arpens de bonnes Terres qu'il donne à loyer à . . moyennant . . . suivant le Bail passé devant . . . lesdites Terres situées au Finage dit . . . . tenant d'un bout à . . . . & d'autre à . . . . tirées pour Trois livres, cy	3.		
Pour Trois Arpens de Vignes qu'il donne à loyer moyennant 60. liv. situées au Finage dit . . . tenant d'un bout à . . . & d'autre à . . . . tirées pour Trois livres, cy . . .	3.		
Pour 320. liv. de Rentes qui lui sont dûës par Contrat passé à son profit le . . . devant . . . . Notaire à . . . . tirées pour Trente-deux livres, cy . .	32.		
Pour son Commerce, dans lequel il peut gagner année commune 300. liv. Quinze livres, cy	15.		
Total.	57.	10.	

X. Modele de Cotte d'un simple Artisan au-dessous de 50. ans. *Voyez l'Art. XXII. de l'Instruction.*

FRançois Duret Maçon âgé de 34. ans & sa Femme de 28. Cotté à Huit livres quatorze sols.

SÇAVOIR;

	l.	s.
Pour une Maison en propre qu'il occupe, consistant en . . . . travées, avec un Jardin potager, estimée pouvoir être loüée 30. liv. par an, sur quoy sera déduit 3. liv. pour le cinquiéme de la propriété pour les réparations, partant elle ne sera portée que pour 27. livres, tirée pour Cinquante-quatre sols, cy	2.	14.
Pour 200. Journées qu'il peut faire par an à 12. sols par jour, ce qui fait 120. livres, tirées pour Six livres, cy	6.	
Total.	8.	14.

XI. Modele de Cotte d'un Artisan au-dessus de 50. ans, mais qui a des enfans en état de gagner leur vie. *Voyez l'Art. XXII. de l'Instruction.*

FRançois Naulet Maçon âgé de 64. ans, & sa Femme de 55. Cotté à Sept livres.

SÇAVOIR;

	l.	s.
Pour une Maison contenant . . . travées qu'il tient de . . . . Bourgeois de Chaalons, moyennant 30. liv. par an, tirée pour Trente sols, cy	1.	10.
Pour 200. Journées qu'il peut faire par an, à 6. sols par jour, ce qui fait 60. livres, tirées pour Trois livres, cy . .	3.	
Pour un Fils qu'il a avec lui non marié de même Vacation, pouvant être occupé 200. jours par an comme Maneuvre à 5. sols par jour, fait 50. livres par an, tiré pour Cinquante sols, cy	2.	10.
Total.	7.	

XII. Autre Modele de Cotte d'un Artisan au-dessous de 50. ans, mais d'un Mêtier plus lucratif. *Voyez l'Art. XXII. de l'Instruction.*

JErôme Sebille Charon, âgé de 35. ans & sa Femme de 28. Cotté à Onze livres dix-sept sols.

SÇAVOIR;

Pour une Maison en propre qu'il occupe, contenant . . . travées, avec Ecurie & Jardin potager, estimé le tout pouvoir être

	l.	f.	d.
loüé 30. liv. fur quoi fera déduit le cinquiéme de la propriété pour les réparations montant à 3. livres, partant elle ne fera portée que pour 27. liv. tirée pour Cinquante-quatre fols, cy	2.	14.	
Pour 200. jours qu'il peut être occupé par an de fa Profeffion à 15. fols par jour, fait 150. liv. par an, tirés pour Sept livres dix fols, cy	7.	10.	
Pour une Vache, Huit fols, cy		8.	
Pour une Geniffe au-deffus de deux ans, Deux fols, cy . .		2.	
Pour un Cochon, Cinq fols, cy		5.	
Pour douze Brébis, Dix-huit fols, cy . . .		18.	
Total.	11.	17.	

HEnry Diot Charon âgé de 26. ans, mais attaqué d'une Goute qui le rend infirme, & fa Femme de 28. Cotté à Cinq livres. dix fols.

XIII. Modele de Cotte d'un Artifan au-deffous de 50. ans, mais néanmoins dans cette Claffe attendu fes infirmitez. *Voyez l'Art. XXII. de l'Inftruction.* *Nota.* Le Commiffaire gardera la même proportion pour tous les diferens Artifans, en eftimant le produit de leurs Métiers à proportion de leurs gains.

SÇAVOIR;

	l.	f.
Pour une Maifon contenant . . . travées, avec un petit Jardin potager qu'il tient de . . . . Bourgeois de Chaalons, moyennant 20. liv. par an, tirée pour Vingt fols, cy . .	1.	
Pour 150. Jours qu'il peut être occupé par an de fa Profeffion, à 12. fols par jour, fait 90. livres par an, tirés pour Quatre livres dix fols, cy	4.	10
Total.	5.	10.

HEnry Meneffon, Fermier des Dixmes & Cocaffier; Cotté à Quarante livres dix fols.

XIV. Modele de Cotte d'un Fermier des Dixmes, & qui a outre cela une autre Vacation. *Voyez l'Art. XLIII. de l'Inftruction.*

SÇAVOIR;

	l.	f.
Pour une Maifon en propre qu'il occupe, contenant . . . travées, avec Ecurie, Grange & Jardin potager, eftimé le tout pouvoir être loüé 40. liv. fur quoi fera déduit le cinquiéme de la propriété pour les réparations montant à 4. livres, partant elle fera feulement portée à 36. liv. tirée pour Trois livres douze fols, cy . .	3.	12.
Pour le produit des Dixmes dont il rend 400. liv. fuivant le Bail qu'il en tient des Sieurs du Chapitre de . . ; tirés pour Trente livres, cy	30.	
Pour le profit qu'il peut faire fur fon Commerce de Cocaffier, eftimé 100. liv. par an, tiré pour Cinq livres, cy . . .	5.	
Pour trois Chevaux, Trente fols, cy . . .	1.	10.
Pour une Vache, Huit fols, cy		8.
Total.	40.	10.

JOfeph la Forêt, Commis de la Ferme du Controlle, demeurant fur lui & vivant de fes Rentes, Cotté à Quarante livres dix fols.

XV. Modele de Cotte d'un Commis des Fermes. *Voyez l'Art. XLIV. de l'Inftruction.*

SÇAVOIR;

	l.	f.
Pour le profit qu'il peut retirer de fa Commiffion Néant; conformément à la Lettre de M le Controlleur Général du 6. Octobre 1738. cy	Néant.	
Pour une Maifon en propre qu'il occupe, confiftant en . . travées, avec Ecurie, Cave & Jardin potager, eftimé le tout pouvoir être loüé 50. liv. fur quoi fera déduit le cinquiéme de la propriété pour les réparations montant à 5. livres, au moyen de quoi, elle ne fera portée que pour 45. livres, tirée pour Quatre livres dix fols, cy	4.	10.

Pour Huit Arpens de bonnes Terres, eftimés 300. liv. l'Arpent,

	l.	f.	d.
D'autre part.	4.	10.	
fituées au Finage dit . . . . tenant d'un bout à . . . & d'autre à . . . qu'il donne à loyer à . . . tirées pour Six livres, cy	6.		
Pour 300. liv. de Rentes qui lui font dûës par Contrat paffé à fon profit le . . . devant . . . Notaire à . . . tirées pour Trente livres, cy	30.		
Total.	40.	10.	

XVI.
Modele de Cotte d'un Maître d'Ecole ayant un Métier.
Voyez l'Article XVI. de l'Instruction.

LAurent Prud'homme, Maître d'Ecole & Tifferand, Cotté à Trois livres quinze fols.

SÇAVOIR;

	l.	f.	d.
Pour une Maifon contenant . . . . travées, qu'il tient de loyer de . . . Bourgeois de Reims, moyennant 20. liv. par an, tirée pour Vingt fols, cy . . .	1.		
Pour fon Ecole, attendu le Traité fait avec les Habitans, qu'il Nous a repréfenté, Cinq fols, cy.		5.	
Pour fon Métier de Tifferand, auquel il n'eft cenfé travailler que 100. jours par an, attendu fes autres occupations, fes journées eftimées à 10. fols, ce qui fait 50. livres par an, tiré pour Cinquante fols, cy	2.	10.	
Total.	3.	15.	

XVII.
Modele de Cotte du Berger de la Communauté.
Voyez l'Article XVI. de l'Instruction.

LOuis Rouffeau, Berger de la Communauté, Cotté à Dix livres cinq fols.

SÇAVOIR;

	l.	f.	d.
Pour une Maifon contenant . . . travées, avec Ecurie & Jardin potager, qu'il tient de . . . Bourgeois de Chaalons, moyennant 25. livres par an, tirée pour Vingt-cinq fols, cy	1.	5.	
Pour fon Induftrie, lui rapportant 120. livres, fuivant le Traité fait avec la Communauté, tirée pour Six livres, cy . .	6.		
Pour une Vache, Huit fols, cy		8.	
Pour un Cochon Cinq fols, cy		5.	
Pour 30. Moutons à lui appartenant, Quarante-cinq fols, cy . .	2.	5.	
Pour deux Chèvres, Deux fols, cy		2.	
Total.	10.	5.	

XVIII.
Modele de Cotte d'une Manouvrière feule, & âgée de plus de 40. ans.
Voyez les Articles XVI. & XXII. de l'Instruction.

MArie Henry veuve, à préfent Blanchiffeufe, âgée de 60. ans feule, Cottée à Cinq livres quatre fols.

SÇAVOIR;

	l.	f.	d.
Pour une Maifon en propre qu'elle occupe, contenant . . . travées, avec Ecurie & Jardin potager, eftimée pouvoir être loüée 20. livres par an, fur quoi fera déduit le cinquiéme fur la propriété pour les réparations montant à 2. livres, partant elle ne fera tirée que pour 18. livres, Cottée à Trente-fix fols, cy . . .	1.	16.	
Pour 200. jours qu'elle peut être occupée à Blanchir à 6. fols par jour, fait 60. livres par an, tiré pour Trois livres, cy . .	3.		
Pour une Vache, Huit fols, cy		8.	
Total.	5.	4.	

XIX. Modele de Cotte d'une Manouvriere au-dessus de 40. ans. *Voyez les Art. XVI. & XXII. de l'Instruction.*

NIcaise Gobet, veuve St. Laurent, Fileuse en laine, âgée de 35. ans & seule, Cottée à Trois lives deux sols;

SÇAVOIR.

	l.	s.	d.
Pour une Maison contenant . . travées avec un petit Jardin potager qu'elle tient de . . Bourgeois de Chaalons, moyennant 12. liv. par an, tirée pour Douze sols, cy . .		12.	
Pour 200. jours qu'elle peut être occupée à filer par an, à 5. sols par jour fait 50. liv. par an, tirés pour Cinquante sols, cy : .	2.	10.	
Total.	3.	2.	

XX. Modele de Cotte d'une Manouvriere au-dessus de 40. ans, mais ayant avec elle des Enfans. *Voyez les Art. XVI. & XXII. de l'Instruction.*

OPortune Bergerot, veuve Quentin, Ouvriere en dentelle, âgée de 45. ans, Cottée à Treize livres sept sols;

SÇAVOIR.

	l.	s.
Pour une Maison en propre qu'elle occupe, contenant . . travées, estimée pouvoir être louée 15. liv. sur quoi sera déduit le Cinquième sur la propriété montant à 30. sols pour les réparations, partant elle ne sera tirée que pour 13. liv. 10. sols, Cottée à Vingt sept sols, cy . . . . . . ,	1.	7.
Pour 200. jours par an qu'elle peut être occupée à faire de la dentelle, à 4. sols par jour fait 40. liv. par an, tirée pour Deux livres, cy	2.	
Pour deux enfans Manouvriers non établis, demeurans avec elle, qui peuvent être occupés chacun 200. jours par an, l'un âgé de 20. ans, & l'autre de 24. à raison de 10. sols par jour chacun, ce qui fait 200. liv. par an, tirés pour Dix livres, cy	10.	
Total.	13.	7.

XXI. Modele de Cotte d'un simple Manouvrier au-dessous de 50. ans. *Voyez les Art. XVI. & XXII. de l'Instruction.*

PIerre Rigollet Manouvrier, âgé de 32. ans & sa femme 26. Cotté à Sept livres huit sols;

SÇAVOIR.

	l.	s.
Pour une Maison contenant . . . . travées, avec Ecurie & Jardin potager, qu'il tient de . . . Bourgeois d'Epernay moyennant 20. livres par an, tirée pour Vingt sols, cy .	1.	
Pour 200. jours qu'il peut être occupé par an, à 10. sols par jour, fait 100. liv. tiré pour Cinq livres, cy	5.	
Pour deux Vaches, Seize sols, cy		16.
Pour une Genisse au dessus de deux ans, Deux sols, cy . .		2.
Pour deux Cochons, Dix sols, cy		10.
Total.	7.	8.

XXII. Modele de Cotte d'un Manouvrier au-dessous de 50. ans, mais Asmatique. *Voyez les Art. XVI. & XXII. de l'Instruction.*

PIerre Valentin, Manouvrier, âgé de 31. ans, Asmatique, & sa femme de 26. Cotté à Trois livres cinq sols;

SÇAVOIR.

	l.	s.
Pour une Maison, contenant . . . . travées, avec un petit Jardin potager qu'il tient de . . . Bourgeois de Chaalons, moyennant 15. liv. par an, tiré pour Quinze sols, cy .		15.
Pour 200. journées qu'il peut être ocupé par an, à 5. sols par jour fait 50. liv. tiré pour Cinquante sols, cy	2.	10.
Total.	3.	5.

XXIII. Modele de Cotte d'un Manouvrier au-dessus de 50. ans, veuf, mais ayant une Fille qui lui tient lieu de Femme.
Voyez les Art. XVI. & XXII. de l'Instruction.

QUentin Gédéon, Manouvrier âgé de 65. ans veuf, ayant une Fille pour le secourir âgée de 25. ans, qui lui tient lieu de Femme, Cotté à Huit livres quatre sols.

SÇAVOIR;	l.	f.	d.
Pour une Maison en propre qu'il occupe, contenant . . travées, avec Ecurie & Jardin potager, estimé le tout pouvoir être loüé 30. liv. par an, sur quoi sera déduit le cinquiéme sur la propriété montant à 3. livres, partant elle ne sera portée que pour 27. livres, tirée pour Cinquante-quatre sols, cy . . .	2.	14.	
Pour 100. jours qu'il peut être occupé par an, à 10. sols par jour, fait 50. livres, tiré pour Cinquante sols, cy . .	2.	10.	
Pour une Vache, Huit sols, cy . . .		8.	
Pour une Genisse au-dessus de deux ans, Deux sols, cy . .		2.	
Pour un Cochon, Cinq sols, cy . . .		5.	
Pour 30. Moutons, Quarante-cinq sols, cy . .	2.	5.	
Total.	8.	4.	

XXIV. Modele de Cotte d'un Manouvrier veuf, seul.
Voyez l'Art. XXII. de l'Instruction.

SImon Gallois Manouvrier, veuf & seul, âgé de 68. ans, Cotté à Quarante cinq sols quatre deniers.

SÇAVOIR;	l.	f.	d.
Pour une Maison contenant . . . travées, avec un petit Jardin potager qu'il tient de . . . Bourgeois de Chaalons, moyennant 12. livres par an, tirée pour douze sols, cy .		12.	
Pour 200. jours qu'il peut être occupé par an, à 5. sols par jour, fait 50. livres, tiré pour Trente-trois sols quatre deniers attendu la déduction d'un tiers qui lui a été faite en sa qualité de veuf., cy	1.	13.	4.
Total.	2.	5.	4.

XXV. Modele de Cotte d'un Manouvrier qui fait valoir ses Terres quoy qu'obligé de les faire labourer par autruy.
Voyez l'Art. XXIX. de l'Instruction.

THomas Mertrude, Manouvrier âgé de 31. ans & sa Femme de 28. Cotté à Quarante-sept livres onze sols.

SÇAVOIR;	l.	f.	d.
Pour une Maison en propre qu'il occupe, contenant . . . travées, avec Ecurie, Grange & Jardin potager, estimé le tout pouvoir être loüé 50. liv. par an, sur quoi sera déduit le cinquiéme sur la propriété pour les réparations, partant sera seulement tirée pour 45. livres, Cottée à Quatre livres dix sols, cy . .	4.	10.	
Pour 30. Arpens de Terres Terroir dudit lieu, qu'il fait labourer par autruy & qu'il recueille par ses mains.			
SÇAVOIR;			
Pour Dix-huit Arpens de bonnes Terres, estimées 300. liv. l'Arpent, situées au Finage dit . . tenant d'un bout à . . & d'autre à . . . tirés pour Vingt-sept livres, cy . .	27.		
Huit Arpens de Terres médiocres, estimées 200. liv. l'Arpent, situées au Finage dit . . . tenant d'un bout à . . & d'autre à , , , tirés pour Huit livres, cy . .	8.		
Quatre Arpens de Terres mauvaises, estimées 100. liv. l'Arpent. situées au Finage dit . . . tenant d'un bout à . . , & d'autre à . . . tirés pour Deux livres, cy . .	2.		
Pour 200. jours qu'il peut être occupé par an, à 10. sols par jour, fait 100. livres, tiré pour Cinq livres, cy . . .	5.		
Pour deux Vaches, Seize sols, cy . . .		16.	
Pour un Cochon, Cinq sols, cy . . .		5.	
Total.	47.	11.	

RObert Poirier, Menuisier & vendant vin à bouchon, Cotté à Dix livres.

XXVI. Modele d'une Cotte de Cabaretier à bouchon, & ayant une autre Industrie. *Voyez l'Art. XXVIII. de l'Instruction.*

SÇAVOIR ;

	l.	f.	d.
Pour une Maison contenant . . . travées, avec un Jardin potager qu'il tient de . . . Bourgeois de Chaalons, moyennant 30. liv. par an, tirée pour Trente sols, cy . .	1.	10.	
Pour 200. jours qu'il peut travailler par an de son Métier de Menuisier, à 12. sols par jour, fait 120. liv. tiré pour Six livres, cy . .	6.		
Pour ce qu'il peut gagner au débit de son vin, estimé 50. liv. tiré pour Cinquante sols, cy	2.	10.	
Total.	10.		

VIncent Pannerot, Cabaretier à Enseigne & Marchand de Bois, Cotté à Dix-neuf livres quatorze sols.

XXVII. Modele d'une Cotte d'un Cabaretier Aubergiste & ayant un Commerce. *Voyez l'Art. XXVIII. de l'Instruction.*

SÇAVOIR ;

Pour une Maison en propre qu'il occupe contenant . . . travées, avec grande Cour, Ecuries, Grange & Jardin potager, estimé le tout pouvoir être loüé 80. liv. par an, sur quoi sera déduit le cinquième pour les réparations montant à 8. livres sur la propriété partant elle ne sera tirée que pour Soixante-douze livres, Cottée à Sept livres quatre sols, cy	7.	4.
Pour ce qu'il peut gagner sur son Cabaret, estimé 100. livres, tiré pour Cinq livres, cy	5.	
Et pour ce qu'il peut gagner comme Marchand de Bois, estimé 150. livres, tiré pour Sept livres dix sols, cy . . .	7.	10.
Total.	19.	14.

YVes Maurice Pâtre, Cotté à Cinq livres dix sols, . .

XXVIII. Cotte du Pâtre. *Voyez l'Art. XVI. de l'Instruction.*

SÇAVOIR ;

Pour une Maison contenant . . . travées, qu'il tient de . . . Bourgeois de Chaalons, moyennant Dix livres par an, tirée pour Dix sols, cy		10.
Pour son Industrie, lui rapportant 100. liv. par an, suivant le Traité fait avec la Communauté, tirée pour Cinq livres, cy . . .	5.	
Total.	5	10.

ZAcarie Barbet Selpêtrier, Cotté à Six livres quatre sols.

XXIX. Modele d'une Cotte de Selpêtrier. *Voyez les Articles XLIV. & XLV. de l'Instruction.*

SÇAVOIR ;

Pour une Maison en propre qu'il occupe contenant . . travées . . . . avec Ecurie & Jardin potager, estimée pouvoir être loüée Vingt livres, sur quoi sera déduit le cinquième de la propriété pour les réparations montant à 2. livres, partant elle ne sea tirée que pour Dix-huit livres, tirée pour Trente-six sols, cy	1.	16.
Pour Un Arpent de bonnes Terres en propre qu'il fait valoir, estimées 300. liv. l'Arpent situées au Finage dit . . tenant d'un bout à . . . & d'autre à . . . tiré pour Trente sols, cy	1.	10.
Pour 200. jours par an qu'il peut être occupé à son Mêtier de Selpêtrier, à raison de Quinze sols par jour, ce qui fait 150. li-	3.	6.

	l.	s.	d.
D'autre part. . .	3.	6.	
vres par an, pour raison de quoi il devroit payer 7. livres dix sols, mais attendu les Privilèges accordez aux Selpêtriers, le présent Article sera seulement tiré pour Cinquante sols, cy . . .	2.	10.	
Pour une Vache, Huit sols, cy		8.	
Total. . . .	6.	4.	

XXX. Modele d'une Cotte de Forain. *Voyez l'Art XLVIII. de l'Instruction.*

FORAINS ou Particuliers qui n'habitent point la Paroisse.

DEnis Dupont, Habitant de . . . . faisant valoir par ses mains Huit Arpens de Terres, pour raison desquels il n'a point satisfait à la Declaration du 17. Fevrier 1728. Cotté à Sept livres.

SÇAVOIR;

BIENS propres situés au Terroir dudit lieu.

	l.
Deux Arpens de bonnes Terres, estimées 300. livres l'Arpent, situées au Finage dit . . . . tenant d'un bout à . . . & d'autre à . . . . tirés pour Trois livres, cy . .	3.
Deux Arpens de Terres médiocres, estimées 200. livres l'Arpent, situées au Finage dit . . . . tenant d'un bout à . . & d'autre à . . . . tirés pour Deux livres, cy . .	2.

BIENS qu'il tient de loyer dans ladite Paroisse.

	l.
Pour Quatre Arpens de Terres médiocres, estimées 200. livres l'Arpent, situées au Finage dit . . . . tenant d'un bout à . . . & d'autre à . . . tirés pour Deux livres, cy .	2.
Total.	7.

XXXI. Modele d'une Cotte de suitte. *Voyez l'Art. XLVII. de l'Instruction.*

	l.
JOseph le Vieux Habitant de Chaalons, Ville franche, depuis 1734. & ne possedant aucun bien sur le Terroir de ladite Paroisse n'y ailleurs, continué par droit de suite à Trois livres, cy . .	3.

RECAPITULATION Contenant la nature & le montant des Biens employez au présent Rolle, & les sommes pour lesquelles ils y sont compris.

SÇAVOIR;

	l.	s.
Maisons en propre occupées par les Propriétaires, estimées pouvoir être loüées 751. livres 10. sols.	75.	3.
Maisons données ou tenuës de loyer, 546. livres	27.	6.
Six cens vingt livres de Rentes actives.	62.	

BIENS propres Exploytez par les Propriétaires.

	l.	s.
Cent cinq Arpens de bonnes Terres, à Une livre dix sols l'Arpent	157.	10.
Quatre-vingt-dix-huit Arpens de Terres médiocres, à Une livre l'Arpent.	98.	
Soixante-un Arpens de Terres mauvaises, à Dix sols l'Arpent. . .	30.	10.
Quatre Arpens de bas Prez, à Une livre quinze sols l'Arpent. . .	7.	
Quatre Arpens de Bois-Taillis, à Une liv. dix sols l'Arpent. . .	6.	
Huit Arpens d'Ozerayes, à Deux livres l'Arpent. . . .	16.	
Deux Arpens de Chènevières, à Une liv. quinze sols l'Arpent. . .	3.	10.

BIENS donnez ou tenus à loyer.

	l.	s.
Quatre-vingt-neuf Arpens de bonnes Terres, à Quinze sols l'Arpent.	66.	15.
Cent huit Arpens de Terres médiocres, à Dix sols l'Arpent. . . .	54.	
	603.	14.

	l.	s.	d.
Cy-contre.	603.	14.	
Soixante-neuf Arpens de Terres mauvaises, à Cinq sols l'Arpent...	17.	5.	
Deux Arpens de bas Prez, à Dix-sept sols six deniers l'Arpent...	1.	15.	
Sept Arpens de hauts Prez, à Douze sols six deniers l'Arpent....	4.	7.	6.
Sept Arpens de Vignes, à Vingt sols l'Arpent. . . .	7.		
Dix Arpens de Bois Taillis, à Quinze sols l'Arpent. . .	7.	10.	
Deux Arpens d'Ozerayes, à Vingt sols l'Arpent. . . .	2.		
Deux Arpens de Chénévieres, à Dix-sept sols six den. l'Arpent.	1.	15.	
Dixmes loüées 400. livres, à Un sol six deniers pour livre. . .	30.		
Un Admodiateur général sous-loüant pour Cinq cens livres le Centiéme.	5.		
BESTIAUX.			
Trente-sept Chevaux, à Dix sols chacun. . . .	18.	10.	
Quatre Poulains au-dessus de deux ans, à Quatre sols chacun. . .		16.	
Deux Mulets, à Cinq sols chacun.		10.	
Vingt-neuf Vaches, à Huit sols chacune. . . .	11.	12.	
Huit Genisses au-dessus de deux ans à Deux sols chacune. . . .		16.	
Neuf Bœufs labourans, à Six sols chacun.	2.	14.	
Seize Cochons, à Cinq sols chacun.	4.		
Deux Anes, à Quatre sols chacun. . . .			
Deux Cent vingt-deux Brébis ou Moutons, à Un sol six deniers piece.	16.	13.	
Deux Chévres, à Un sol chacune.		2.	
Six Ruches, à Deux sols chacune.		12.	
Produit des basses-Cours, Une livre cinq sols. . .	1.	5.	
	738.	4.	6
Industrie.	134.	8.	4
Cotte de suite.	3.		
Pour fausse déclaration.	12.		
	888.	2.	10.
Sur quoi il convient déduire pour Rentes.	22.	10.	
Partant reste	865.	12.	10.

Somme totalle du présent Rolle, Huit cens soixante-cinq livres douze sols dix deniers.

Il y a au présent Rolle Vingt-neuf Cottes, non compris un Forain & une Cotte de suite.

FAIT & arrêté par Nous Commissaire susdit, en présence de . . . Collecteurs qui ont signez avec Nous.

VEU & vérifié le présent Rolle, que Nous ordonnons être exécuté selon sa forme & teneur contre les Contribuables y dénommez, qui en cas de fausses déclarations, seront en conformité de notre Ordonnance & de leurs soûmissions, contraints par exécution militaire au payement du double de ce que devront porter les Articles omis, moitié au profit des Dénonciateurs, & l'autre moitié remise au Receveur des Tailles de l'Election de . . . . à compte de l'Imposition de la Capitation de la Paroisse; Et pour que chacun desdits Contribuables puisse connoître sur quel pied & par quels motifs il a été porté à sa Cotte, comme aussi afin de découvrir plus facilement les faux déclarans; Voulons qu'outre les Copies ordinaires qui doivent être remises au Greffe de l'Election, aux Receveurs des Tailles & du Grenier à Sel & aux Collecteurs, il en soit déposé une autre en papier non timbré seulement, & signée de Nous, entre les mains du Syndic, pour être par luy communiquée lorsqu'il en sera requis. FAIT

www.ingramcontent.com/pod-product-compliance
Lightning Source LLC
LaVergne TN
LVHW010407240826
846091LV00020B/2825